Arwed Wieler; Carl Georg von Maassen; u.a.
Kaffee. Das Kulturphänomen durch die Jahrhunderte

SEVERUS Verlag

Wieler, Arwed; Maassen, Carl Georg von; u.a.: Kaffee. Das Kulturphänomen durch die Jahrhunderte. Literarische Betrachtungen. 2022
ISBN: 978-3-96345-361-8

Korrektorat: Vanessa Abdulai, Judith Hanke
Illustrationen: Tamara Boerner (© SEVERUS Verlag), Originalausgaben
Ergänzendes Vorwort: Vanessa Abdulai (© SEVERUS Verlag)

Umschlaggestaltung: Annelie Lamers, SEVERUS Verlag
Umschlagmotiv: Tafel: pixabay.com
Illustrationen: pch.vektor/freepik.com

Editorische Notiz:
Die Texte der vorliegenden Edition beruht auf den Ausgaben:
Arwed Wieler: Kaffee, Tee, Kakao und die übrigen Aufgussgetränke. Verlag von B. G. Teubner, Leipzig 1907; Rückmann & Funk: Der Kaffee – Poesie und Prosa. Unser verehrten Kundschaft zur Erinnerung an das Jubiläums- und Ausstellungsjahr 1913 gewidmet. Dichtungen von Adolf Probst. Leipzig 1913; Carus-Verlag: Allerley Nützliches über den Kaffee aus alter und neuer Zeit. Berlin 1927; Carl Georg von Maassen: Rund um die Kaffeekanne. Allerlei Betrachtungen über den Kaffee und seine Zubereitung mit einem Geleitwort von Prof. Dr. F. Fischer. Drei Masken Verlag, München 1930. Die Orthographie wurde behutsam modernisiert, grammatikalische Eigenheiten bleiben gewahrt. Die Interpunktion folgt der Druckvorlage. Der Inhalt ist im historischen Kontext zu lesen.

Bibliografische Information der Deutschen Nationalbibliothek: Die Deutsche Nationalbibliothek verzeichnet diese Publikation in der Deutschen Nationalbibliografie; detaillierte bibliografische Daten sind im Internet über https://dnb.de abrufbar.

Der SEVERUS Verlag ist ein Imprint der Bedey & Thoms Media GmbH,
Hermannstal 119k, 22119 Hamburg

SEVERUS Verlag, 2022
http://www.severus-verlag.de
Gedruckt in Deutschland

Arwed Wieler; Carl Georg von Maassen; u.a.

Kaffee. Das Kulturphänomen durch die Jahrhunderte

Literarische Betrachtungen

Inhalt

Vorwort des Verlags

Kaffee – das flüssige Gold, um das sich so einige Sagen und Legenden ranken. Was heute aus unserem Alltag nicht mehr wegzudenken ist, hat eine lange und vor allem spannende Geschichte. Denn zunächst war die heutige Beliebtheit der bitteren Bohne gar nicht so selbstverständlich. Im Jahre 1905 wurden die hieraus entstandenen Getränke von Wissenschaftlern sogar als „narkotische Genussmittel bezeichnet, weil ihr Alkaloid, in zu großen Mengen genossen, wie ein Gift auf den menschlichen Organismus wirkt." Doch das hielt die meisten Menschen nicht davon ab, sich daran zu bedienen.

Arved Wieler, der vor allem für den naturwissenschaftlichen, faktischen Teil des Buches verantwortlich ist, war ein deutscher Botaniker und Hochschullehrer. Er wurde im August 1858 in Hamburg geboren und starb 1943. Sein Studium der Botanik schloss er in 1883 Heidelberg ab und bereits 1885 war er Mitglied in der deutschen Botanischen Gesellschaft. Wielers wissenschaftliche Arbeiten waren seiner Zeit voraus, was dazu führt, dass manche Thesen von ihm erst heute wieder aufgegriffen werden. Zur Erinnerung an Arved Wieler ist in Aachen eine Straße nach ihm benannt worden.

Der deutsche Literaturhistoriker Carl Georg Maassen wurde 1880 in Hamburg geboren. Bekannt ist er heute vor allem als Herausgeber der historisch-kritischen Ausgabe der Werke von E.T.A. Hoffmann. Schon mit 17 Jahren interessierte er sich für diesen Autor und entwickelte sich schnell zu einem Experten für Hoffmann, sowie für die gesamte Literatur der deutschen Romantik. Noch während seiner Schulzeit begann er mit dem Aufbau einer eigenen Bibliothek. Nach seinem Abitur in Kassel im Herbst 1901 nahm er in München ein Rechtswissenschaftsstudium auf, besuchte jedoch vor allem germanistische Seminare. Von Haus aus wohlhabend, entschied er sich für Privatunterricht, um ungestört seinen vielfältigen Neigungen nachzugehen. Darüber hinaus begann er, seine Bibliothek aufzubauen und knüpfte Kontakte mit Münchener Bibliotheken. Im Mai 1907 schloss Maassen einen Vertrag über eine 15-jährige Ausgabe der Werke E.T.A. Hoffmanns ab.

Die meisten negativen Thesen der Zeiten dieses Buches gelten mittlerweile als überholt. Denn in früheren Studien wurde nicht der gesamte Lebensstil betrachtet. Negative Nebenwirkungen müssen nicht zwangsläufig durch die Getränke hervorgerufen werden. Unumstritten ist zwar auch noch heute, dass Koffein wach macht und die Herztätigkeit beschleunigt, jedoch wirkt er bei jedem Menschen anders. Und laut Ärzten ist beispielsweise der Genuss von Kaffee vollkommen in Ordnung, solange er sich in Maßen hält. Empfohlen werden nicht mehr als drei Tassen pro Tag. Es gibt sogar Anzeichen dafür, dass Kaffee der Gesundheit behilflich sein

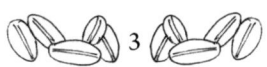

könnte. Wenn man sich auf einen moderaten Konsum bezieht, ist der Konsum eher mit einem allgemein reduzierten Krankheitsrisiko zu verbinden. Studienergebnisse deuten auf eine vorbeugende Wirkung gegen Gebärmutterkörperkrebs und Leberkrebs an.

Doch nicht nur die angeblich gesundheitsschädlichen Nebenwirkungen machten es dem Kaffee in seiner Anfangszeit so schwer. Bereits im 18. Jahrhundert war die Entscheidung, die Einfuhr sowie die Rösterei und den Verkauf jeglicher Kaffeeerzeugnisse zu verbieten, eher politisch motiviert. Im Jahr 1781 sprach Friedrich der Große ein weitreichendes Kaffeeröstverbot aus. Dies führte dazu, dass nur die besser betuchten Gesellschaftsmitglieder in den Genuss des Kaffees kamen, denn nur die staatliche Rösterei durfte ihren Betrieb aufrecht erhalten ... der König selbst wollte nämlich weiterhin die exotische Spezialität auf seinem Speiseplan wissen.

Erst einmal in den (illegalen) Genuss gekommen, wollten aber auch die Bürger der einfacheren Gesellschaftsschichten nicht auf das vorzügliche Getränk verzichten und rösteten heimlich und in gut versteckten Hinterhöfen ihre eigenen Bohnen. Dies schuf sogar den Beruf der „Kaffeeschnüffler", welche diese nicht genehmigten Röstereien aufspürten. Erst der Nachfolger Friedrichs schaffte das Verbot ab und sah ein, dass es nur den Schmuggel förderte und so viele Schäden in der Wirtschaft entstehen. Das war nicht nur für die Kaffeetrinker unter uns von Vorteil, sondern auch für viele Städte, die mit dem nun wieder genehmigten Kaffeehandel ihr Geschäft machen konnten. So auch die Heimatstadt unseres Verlags: Hamburg.

Hamburg ohne Kaffee, das ist wie Hafen ohne Wasser. Kaum vorstellbar. An die Geschichte, die das flüssige Gold auch in unserer Stadt nahm, erinnern beispielsweise noch die heutige Speicherstadt oder die unzähligen kleinen und großen Kaffeeröstereien der Hansestadt. Auch das Kaffeemuseum in Burg ist immer einen Besuch wert, um noch mehr über die langjährige Tradition des Kaffees zu erfahren. Als Hamburger Verlag liegt es uns daher sehr am Herzen, das Thema Kaffee sowohl historisch als auch künstlerisch aufzugreifen. Denn die Kaffeebohne hat schon lange die Gelehrten, Künstler und Kulturliebhaber fasziniert. Das hat nicht einmal vor unseren Verlagstüren haltgemacht und unsere Praktikantin Tamara Boerner zu kleinen Illustrationen für dieses Buch inspiriert.

Vanessa Abdulai
SEVERUS Verlag

A. Wieler

Kaffee, Tee, Kakao

und die übrigen narkotischen Aufgussgetränke

Vorwort

Das nachfolgende Schriftchen über „Kaffee, Tee, Kakao und die übrigen narkotischen Aufgussgetränke" beabsichtigt, eine Lücke in unserer Literatur auszufüllen. Es
fehlt an einer übersichtlichen, knappen, aber genügend ausführlichen Darstellung des
Ursprungs, der Herkunft und der Gewinnung dieser Produkte, entsprechend dem
heutigen Stande unserer Kenntnis. Möchte es allen denjenigen willkommen sein,
welche sich über diese so interessanten und für jeden einzelnen wichtigen Produkte
unterrichten wollen, möchten diejenigen, welche sich von Berufs wegen mit ihrem
Vertrieb zu befassen haben, die gesuchte Belehrung aus ihm schöpfen, und möchte
es denen von Nutzen sein, welche sich mit Rücksicht auf wirtschaftliche Fragen oder
aus kolonialen Bestrebungen mit diesen Handelsartikeln vertraut machen wollen.

Aachen, im Dezember 1905

A. Wieler

1. Einleitung

Das Bedürfnis nach nervenanregenden Genussmitteln ist nicht, wie man vermuten sollte, eine Errungenschaft der Kultur oder richtiger der Überkultur, sondern ist allgemein verbreitet und findet sich schon bei den Völkern der niedrigsten Kulturstufe; diese sind es gerade, welche die Genussmittel entdeckt haben, denn die Kenntnis dieser Entdeckung verliert sich überall ins Sagenhafte. Der Alkoholgenuss, diese Pest der europäischen Völker, ist wohl kaum einem wilden Volksstamme unbekannt, selbst wenn er niemals mit Europäern in Verbindung gekommen ist. Überraschender ist aber, dass es dem Menschen in den verschiedensten Gegenden unseres Erdballs gelungen ist, die Pflanzen ausfindig zu machen, welche alle dasselbe anregende Prinzip enthalten. So ist der Kaffee zuerst im nordöstlichen Afrika, der Tee in Asien, der Kakao in Zentralamerika, der Mate im südlichen Teil von Südamerika und die Kola im westlichen Teil des tropischen Afrikas in Gebrauch genommen worden. Das anregende Prinzip ist das Alkaloid Koffein und das ihm nahestehende Alkaloid Theobromin mit etwas schwächerer Wirkung. Mit Ausnahme der Kola, welche im frischen Zustande vom Neger[1] gekaut wird, werden die Genussmittel als Aufguss genossen. Nur in seltenen Fällen, wenn die frische Kolanuss nicht zu haben ist, wird die getrocknete von den Eingeborenen nach Art unseres Kakaos benutzt; für den Europäer dürfte sie wohl nur in dieser Form in Betracht kommen. Kaffee, Tee, Mate, Kakao und Kola werden als „narkotische Genussmittel" bezeichnet, weil ihr Alkaloid, in zu großen Mengen genossen, wie ein Gift auf den menschlichen Organismus wirkt. Dementsprechend kann man die aus ihnen hergestellten Getränke als „narkotische Aufgussgetränke" bezeichnen.

Der Sitz des Alkaloids sind entweder die Samen (Kaffee, Kakao, Kola) oder die Blätter (Tee, Mate). Wenn es nun schon überraschend ist, dass der unkultivierte Mensch diese Genussmittel ausfindig gemacht hat, so ist es noch viel überraschender, dass es sich dabei um Pflanzenteile handelt, welche zum Teil erst einer komplizierten Behandlung unterworfen werden müssen, ehe sie als Genussmittel brauchbar sind. Die Kola freilich wird im frischen Zustande genossen, der Kakao kann im getrockneten Zustande genossen werden, aber die drei anderen müssen eine Röstung und zum Teil eine vorgängige Fermentierung erleiden.

---

1   Anm. des Verlags: Dieser und andere Begriffe müssen im Kontext seiner Zeit gelesen werden.

 6

Analyse der rohen Kaffeebohnen

	Prozent
Wasser	12,00
Proteinstoffe	11–13,0
Koffein (frei)	0,8
Kaffegerbs. Koffeinkali	3,5–5,0
Fett	10–13,0
Traubenzucker,	15,5
Ätherisches Öl, aromatische Stoffe	0,013
Holzfaser	34,0
Mineralstoffe	6,697

Analyse des Mate (Trockensubstanz)

	Prozent
Eiweißkörper	4,32
Koffein	0,77
Kaffeegerbsäure	1,35
Gallussäure	0,22
Zitronensäure	0,18
Fett und Wachs	3,88
Chlorophyll	5,97
Aromatisches Harz	1,98
Kumarinartiges Öl	0,05
Flicin?	0,25
Traubenzucker, Gummi	4,12
Stickstoffreiche Extrakstoffe	2,14
Bektinsubstanzen?	7,67
Zellulose	60,05
Asche	7,05
	100

Analyse der Teeblätter

	Prozent
Wasser	11,49
Stickstoffsubstanz	21,22
Koffein	1,35
Gerbsäure	12,36
Fett, Chlorophyll, Wachs	3,62
Gummi, Dextrin	7,13
Stickstofffreie Stoffe	16,75
Ätherisches Öl	0,67
Holzfaser	20,30
Asche	5,11
	100

Analyse der Kakaobohnen

	Prozent
Wasser	7,9
Holzfaser	4,8
Theobromin	1,5
Fettsubstanz	45,6
Stickstofffreie Extraktstoffe inkl. Stärke	22,9
Stickstoffhaltige Substanz exkl. Theobromin	12,7
Asche	4,0
	99,4
Sand	0,6
	100

 7

Analyse des rohen und gerösteten Kaffees

	Wasser %	Eiweißstoffe %	Koffein %	Fett und Öl Ätherextrakt %	Rohrzucker %	Gerbsäure %	Stickstofffreie Extraktstoffe %	Rohfaser %	Asche %
Roh	11,35	11,89	1,20	12,34	8,39	6,42	18,11	26,16	4,05
Geröstet	1,73	13,77	1,27	13,92	1,23	4,69	32,39	26,31	4,60

Analyse der Kola

	Prozent			Prozent
Koffein	2,35		Fett	0,58
Theobromin	0,03		Traubenzucker	2,88
Kolarot	1,29		Stärke	33,75
Tannin	1,62		Zellulose	29,83
Gummi	3,04		Proteinstoffe	6,76
Farbstoffe	2,56		Asche	3,39
Ätherisches Öl	–			

Unsere fünf Genussmittel sind, wie aus den vorstehenden Analysen hervorgeht, nicht ganz gleichwertig, sondern scheiden sich in zwei Gruppen, in reine Genussmittel und in Genussmittel, welche gleichzeitig Nahrungsmittel sind. Zu der ersten Gruppe gehören Kaffee, Tee und Mate, aus denen man einen wässerigen Auszug herstellt. An Nährstoffen enthält er nur, was in Wasser löslich ist, und das ist sehr wenig. Der geröstete Kaffee hat einen Gehalt von 1,3% Zucker; mit 10g Bohnen nimmt man 0,13g Zucker zu sich. Die in weiten Kreisen herrschende Ansicht, der Kaffee sei ein Nahrungsmittel, ist demnach irrig. Beim Kakao hingegen genießen wir den zerkleinerten Samen und damit den ganzen Reichtum an Eiweißstoffen, Stärke und Fett, welcher in ihm für den Keimling aufgespeichert liegt. Beim Kauen der Kolanuss gehen auch Nährstoffe in Lösung; sie werden vollkommen ausgenutzt, wenn die Kola wie der Kakao behandelt wird. In diesem Zustande wäre die Kola nicht nur ein gutes Nahrungsmittel, sondern durch seinen hohen Gehalt an Alkaloid auch ein vorzügliches Genussmittel.

Koffein und Theobromin sind beide Derivate des Xanthins oder der harnigen Säure $C_5H_4N_4O_2$, und zwar ist Theobromin Dimethylranthin $C_5H_2(CH_3)_2N_4O_2$, Koffein Trimethylxanthin oder Methyltheobromin $C_5H(CH_3)_3N_4O_2$. Die Wirkung auf das Nervensystem ist beim Koffein intensiver als beim Theobromin, was jedermann weiß, der beide Getränke regelmäßig genossen hat. Das Koffein verscheucht die Müdigkeit, erleichtert die Ideenassoziation, macht den Menschen zu größeren Leistungen auf geistigem und körperlichem Gebiete fähig. Werden von unseren Soldaten ganz beson-

ders große Strapazen verlangt, so gibt man ihnen starken Kaffee zu trinken. Das Kauen der Kolanuss befähigt den Neger, außerordentlich große körperliche Leistungen zu verrichten. Das Alkaloid, in großen Dosen genommen, oder das Genussmittel in großen Mengen genossen, wirkt lähmend auf die Muskeltätigkeit und aufregend auf das Nervensystem. Der Puls wird beschleunigt; es treten Schwindel, Ohrensausen, Benommenheit auf, eine allgemeine Unruhe stellt sich ein, und es wird unmöglich, bestimmte Ideen zu fixieren und gewisse Gedanken auszudenken. Freilich reagieren die Menschen in sehr ungleichem Grade auf das Alkaloid. Ein Gehalt, der den einen anregt, kann den anderen bereits aufregen. Manche Menschen, welche nach dem Genuss von Kaffee noch schlafen können, vermögen es nicht, wenn sie Tee trinken, was wenigstens zum Teil auf den höheren Alkaloidgehalt des letzteren zu schieben ist. Wenn nun auch der Gehalt an Alkaloid bei den einzelnen Genussmitteln, je nach dem Ursprung des betreffenden Produktes, großen Schwankungen unterliegen kann, so ergibt sich, dass im Durchschnitt die Kola den höchsten Gehalt an Koffein hat; dann folgen in absteigender Reihenfolge Tee, Kaffee, Mate. Das Verhältnis des Koffeingehaltes der drei letzteren ist 4:3:2.

Die aufregende Wirkung unserer narkotischen Genussmittel hängt aber nicht ausschließlich von der Menge Alkaloid ab, sondern soll nach neueren Untersuchungen ganz wesentlich mit durch den Gehalt an Teeölen, Angehörigen der großen Gruppe der ätherischen Öle, bedingt sein. Sie kommen bei Kaffee, Tee und Mate vor und rufen das Aroma hervor. Je stärker dies ist, umso reicher ist das Genussmittel an Teeölen, was den Nachteil mit sich bringt, dass es umkso aufregender wirkt. Eine Steigerung des Gehaltes an Teeölen soll viel nachteiliger sein als eine entsprechende Steigerung des Alkaloidgehaltes. Tee und Kaffee enthalten viel Teeöl, Tee am meisten, Mate oder Paraguaytee ist arm daran, weshalb er viel bekömmlicher sein soll als die beiden anderen Getränke, obgleich er auch anregend wirkt. Ihm wird von Sachverständigen sogar eine beruhigende und gleichzeitig durststillende Wirkung zugeschrieben.

„Eine unangenehme Erregung des Nervensystems, wie nach mehreren Tassen Kaffee oder asiatischen Tees, wird niemals beobachtet, wogegen aber das Getränk erfrischt, ohne gerade aufzuregen, und das Gefühl der Müdigkeit in höherem Grade beseitigt als Chinatee oder Kaffee. Paraguaytee wirkt außerdem vorzüglich auf die Verdauung, sodass er bei Störung derselben, sowie bei Magenkatarrhen, von Ärzten empfohlen wird. Die digestiven Wirkungen sind ausgezeichnete und daher kann auch Paraguaytee längere Zeit in Verbindung mit einer Diät genossen werden, bei welcher asiatischer Tee nicht bekömmlich ist. Und das Gute bei diesem Getränk ist, dass man es in beliebigen Quantitäten ohne jede unangenehme oder schädliche Nebenerscheinungen zu sich nehmen kann; es wirkt nebenbei infolge seines hohen Gerbstoffgehaltes prophylaktisch gegen Fieber und ansteckende Krankheiten.[2]"

2   R. v. Fischer-Treuenfeld, Paraguaytee als Volksgetränk. Vortrag, gehalten auf der Ausstellung für Volksgesundheitspflege und Wohlfahrt zu Stettin 1903. Abgedruckt in Ceres, 1. Jahrg. Nr. 2/3. 1904.

Mit der anregenden Wirkung des Genussmittels verbindet der Mate demnach so viel Vorzüge, ohne einen der bei Kaffee und Tee zu beobachtenden Nachteile zu besitzen, dass es sich empfehlen würde, einmal auszuprobieren, ob er auch bei uns seine guten Eigenschaften entfaltet. Umso wichtiger wäre ein derartiger Versuch, als sich die Stimmen, namentlich aus dem ärztlichen Lager, mehren, welche den Genuss des Kaffees und Tees ebenso wie den Alkoholgenuss verdammen und das Heil einzig und allein in den koffeinfreien Surrogaten erblicken. Bisher hatte man geglaubt, den Alkoholismus mit Erfolg bekämpfen zu können und zu bekämpfen durch Verbreitung des Kaffee- und Teegenusses, aber wenn das Heilmittel ebenso schlimm ist wie das Übel, so wäre man um keinen Schritt weitergekommen. Hier könnte vielleicht der Mate helfend eingreifen, umso mehr, als er wohlfeil ist. Wenn diejenigen recht haben, welche behaupten, dass der Alkohol mit Erfolg nur durch Darbietung eines anderen nervenanregenden Getränkes, nicht durch Fruchtsäfte, Mineralwasser und Malzkaffee, verdrängt werden kann, so wäre der Mate vielleicht das ersehnte zweckentsprechende Volksgetränk. Ist sein Genuss auch bisher auf die Länder des südlichen Teils von Südamerika beschränkt, so wird es hier doch in sehr großer Menge getrunken, wie aus der nachstehenden Tabelle hervorgeht.

Länder	Verbrauch pro Kopf der Bevölkerung in kg		
	Tee	Mate	Kaffee
Australien	3,40	–	–
England	2,72	–	0,30
Holland	0,50	–	7,50
Vereinigte Staaten von Nordmerika	0,45	–	4,75
Russland	0,35	–	0,10
Deutschland	0,05	–	2,75
Frankreich	0,02	–	2,00
Chile	–	1,51	–
Bolivien	–	2,50	–
Argentinien	–	9,00	1,00
Uruguay	–	10,30	0,85
Paraguay	–	15,73	–
Paraná (Brasilien)	–	20,00	–

Bei der Wirkung der Genussmittel auf den Organismus kommt noch eine dritte Körpergruppe zur Geltung. Das sind die Gerbstoffe, die bei den einzelnen Genussmitteln von sehr verschiedener Zusammensetzung sein können. Ihre vorteilhafte Wirkung besteht vor allen Dingen darin, das Gefühl der Nüchternheit zu heben. Die Farbe der Getränke ist vielfach von ihnen abhängig, was am deutlichsten beim

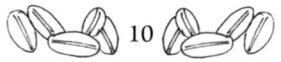

Tee hervortritt. Die Gerbstoffe wirken verstopfend, was im Allgemeinen als Nachteil betrachtet werden muss; beim Kakao wirkt dem der Fettgehalt entgegen. Die prophylaktische Wirkung des Mate gegen Fieber und ansteckende Krankheiten wird gleichfalls auf den Gerbstoffgehalt zurückgeführt.

Von unseren fünf Genussmitteln haben Mate und Kola bisher nur beschränkte Verbreitung gefunden, während sich die drei anderen die ganze Welt erobert haben, besonders aber die beiden reinen Genussmittel Kaffee und Tee. Die beiden Eroberer haben sich gleichsam in das Gebiet geteilt, man kann geradezu kaffee- und teetrinkende Völker unterscheiden. Zu den ersteren gehören, wie aus obiger Tabelle zu ersehen ist, Deutschland und Frankreich, zu den letzteren Australien. In Holland und den Vereinigten Staaten von Nordamerika herrscht der Kaffee, in England und Russland der Tee vor. In Deutschland kommen neben 2 ¾kg Kaffee nur 50g Tee auf den Kopf der Bevölkerung. Der eigentliche Kaffeetrinker konsumiert natürlich viel mehr im Laufe eines Jahres, da die Kinder meistens keinen Kaffee trinken und bei uns sehr viel Surrogate konsumiert werden, werden doch allein an Zerealienkaffee jährlich 25 Mill. kg verbraucht. Unser Kakaoverbrauch steht unserem Kaffeeverbrauch erheblich nach, ist aber weit beträchtlicher als unser Teekonsum. Er hat stetig zugenommen und beläuft sich heute ungefähr auf 440g pro Kopf der Bevölkerung, Mate und Kola haben sich bei uns noch nicht eingebürgert.

Den hohen Konsumziffern muss natürlich eine bedeutende Produktionsmenge entsprechen. Die Höhe der jährlichen Produktion ist unbekannt, weil in den meisten Ländern keine Produktionsstatistik existiert. Man ist auf Schätzung angewiesen. So wird die jährlich produzierte Menge Mate auf 100 Mill. kg geschätzt. Besser ist man über die Menge, welche auf den Weltmarkt gelangt und von den produzierenden Ländern ausgeführt wird, unterrichtet. Diese Ausfuhr beläuft sich ungefähr auf 1000 Mill. kg Kaffee, 300 Mill. kg Tee und 120 Mill. kg Kakao. Eine solche nach vielen Millionen zählende Produktion setzt eine ungeheure Arbeitsleistung voraus und bedingt einen großen Aufwand an Arbeit für den Versand der Massen und den kaufmännischen Vertrieb, damit die Ware durch zahlreihe immer enger werdende Kanäle zu den Konsumenten fließt.

Die Produktion der Genussmittel beruht auf einem ausgebildeten, umfangreichen, landwirtschaftlichen Betrieb, denn wenn auch Mate und Kola heute noch vorwiegend von wildwachsenden Bäumen gewonnen werden, so haben sich doch auch bei ihnen schon die Anfänge eines geregelten Plantagenbetriebes herausgebildet. Die tropische Agrikultur hat man sich nun nicht minder mühsam zu denken wie unsere eigene Landwirtschaft, in manchen Zweigen sogar mühsamer; man glaube auch nicht, dass die Tropen in unerschöpflicher Fülle ihre Produkte ohne Arbeit und Mühe dem Menschen bescheren. Es ist auch damit nicht getan, dass man das, was auf dem Felde wächst, erntet und auf den Markt bringt, vielmehr muss aus dem geernteten Produkt erst die Ware mit komplizierten Methoden hergestellt werden, ehe der

Pflanzer an ihren Verkauf denken kann. Trotzdem der Kulturmensch täglich große Mengen der narkotischen Aufgussgetränke zu sich nimmt, ist die Kenntnis von den Produktionsverhältnissen und der Gewinnungsweise der Genussmittel sehr wenig verbreitet, es soll deshalb in den folgenden Kapiteln der Versuch gemacht werden, diese Verhältnisse für Kaffee, Tee, Mate, Kakao und Kola zu schildern.

2. Kaffee

Die Sitte des Kaffeetrinkens bei den Kulturvölkern ist erst wenige Jahrhunderte alt. Im 15. Jahrhundert soll sie von Äthiopien oder Abessinien aus, wo sich der Ursprung ins Sagenhafte verliert, nach Arabien gekommen sein. Zuerst bürgerte sie sich in Aden ein, von wo das Kaffeetrinken durch die Derwische nach Mekka gebracht wurde. Von hier aus verbreitete es sich bald über ganz Arabien, sodass in Kurzem das Kaffeetrinken eine alltägliche Gewohnheit geworden war. Im Anfang des 16. Jahrhunderts verbreitete sich das Kaffeetrinken zunächst nach Kairo und von dort nach Syrien. 1554 unter Soliman dem Großen wurde der Kaffee nach Konstantinopel eingeführt, wo es wie in Arabien bald zur Errichtung öffentlicher Kaffeehäuser kam. Augenscheinlich mit Rücksicht auf die Wirkung des Getränkes wurden sie „Schulen der Erkenntnis" genannt. Vergeblich wurden wiederholt Versuche gemacht, das Kaffeetrinken durch Verbot zu beseitigen, so 1511 in Mekka und in der Türkei unter Soliman dem Großen und später unter Mohammed IV.

Im Anfang des 17. Jahrhunderts sollen die Venetianer den Kaffee nach Italien gebracht haben. 1626 soll man ihn zuerst in Rom getrunken haben; 1645 soll sein Genuss bereits allgemein in Süditalien gewesen sein. 1650 soll der erste Kaffee in Marseille eingeführt und 1671 an der Börse das erste Kaffeehaus errichtet worden sein. Marseille beteiligte sich dann in ausgedehntem Maße an dem Kaffeehandel. In Paris soll der Kaffeegenuss schon 1669 allgemein gewesen sein, aber erst 1672 wurde dort ein Kaffeehaus eröffnet. In Amsterdam war das schon 1666 und in London sogar schon 1652 geschehen. 1675 schloss dort König Karl II. aus politischen Rücksichten die Kaffeehäuser, doch musste er nach wenigen Tagen das Verbot zurücknehmen, da die Kaffeetrinker mit Aufruhr drohten; das Kaffeetrinken musste also wohl schon einen bedeutenden Umfang angenommen haben. Nach den Nordstaaten Europas ist der Kaffee erst sehr viel später vorgedrungen. In Schweden soll man ihn nicht vor 1700 gekannt haben, und in Dänemark ist er noch im Anfang des 18. Jahrhunderts unbekannt gewesen. Bereits 1670 kam der Kaffee nach Deutschland. Das erste Kaffeehaus wurde 1673 in Wien, das zweite und dritte 1686 in Nürnberg und Regensburg, das vierte 1687 in Hamburg errichtet. Das Kaffeetrinken verbreitete sich nun schnell. Leipzig bezog anfänglich den Kaffee, welchen es aus Holland erhielt, im gerösteten

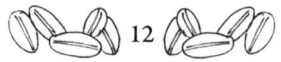

Zustande; ungebrannter kam erst 1694 nach Leipzig. 1720 war das Kaffeetrinken in Kursachsen allgemein. Nach Danzig wurde der Kaffee erst 1700 gebracht, und Berlin erhielt das erste Kaffeehaus gar erst 1721. Verhältnismäßig spät kam das Kaffeetrinken in Württemberg in Aufnahme. Stuttgart erhielt 1712 das erste Kaffeehaus; in Reutlingen trank man den Kaffee 1760 zuerst und in Genkingen auf der Alp gar erst 1817. Um 1744 wurde der Kaffee an allen deutschen Höfen und von der Mehrzahl der Reichen und Vornehmen getrunken. Er war damals aber noch sehr teuer. Übrigens hat sich die Sitte des Kaffeetrinkens in Deutschland auch nicht ohne Widerspruch eingebürgert. In verschiedenen Staaten wurden Verbote dagegen erlassen. Unter Bezugnahme auf seine Gesundheitsschädlichkeit und unter dem Einfluss des Merkantilismus verbot man den Konsum des Kaffees oder suchte ihn durch hohe Steuern einzuschränken. Friedrich der Große führte sogar ein Kaffeemonopol in Preußen ein. Adlige, höhere Beamte und Geistliche durften sich den Kaffee selbst brennen, sie erhielten sogenannte Brennscheine. Die übrige Bevölkerung musste 24 Lot gebrannten Kaffees mit einem Taler bezahlen. Friedrich begünstigte auch die Surrogatindustrie. Damals entstanden Eichelkaffee, Kaffee aus Gerste und Roggen, Kaffee aus Rüben und selbst aus Rosskastanien, während der Zichorienkaffee erst 1790 hergestellt wurde. Aber diese Surrogate fanden nicht den Beifall der getreuen Untertanen Friedrichs und haben nicht vermocht, den Kaffee zu verdrängen. Alle Beschränkungen, Steuern und Verbote waren unfähig, den Siegeslauf des Kaffees aufzuhalten, und heute verbraucht der Deutsche auf den Kopf der Bevölkerung 2 ¾ kg Kaffee.

Naturgeschichtliches. Die Kaffeebohnen, aus denen wir nach ihrer Röstung das Getränk bereiten, stammen vom Kaffeebaum, mit dem lateinischen Namen *Coffea*. Von ihm sind 30 Arten bekannt. Die Hälfte derselben ist in Südasien, von Ceylon und dem Himalaja bis Neu-Guinea, besonders in Hinterindien und auf den großen Sundainseln verbreitet. Die andere Hälfte ist in Afrika heimisch. Elf von ihnen finden sich an der feuchten Westküste, zwei an der Ostküste und zwei auf Mauritius. Von allen diesen Arten sind nur zwei, *Coffea arabica* und *Coffea liberica* und in Brasilien außerdem ein Bastard zwischen *Coffea myrtifolia* und *Coffea arabica* in Großkultur genommen worden. Zwanzig Prozent des in Brasilien erzeugten Kaffees ist Café Bourbon, d.h. stammt von diesem Bastard, den man dadurch gewinnt, dass man die Blüten von *Coffea myrtifolia* mit den Blüten von *Coffea arabica* bestäubt. Aus seinen eigenen Samen ist dieser Bastard nicht fortpflanzungsfähig.

Der Kaffeebaum gehört zur Familie der Rubiaceen, die auch in unserer Flora Vertreter hat, z.B. den Waldmeister.

Der arabische Kaffeebaum (*Coffea arabica*) ist ein immergrüner Baum von anmutigem Gesamtaussehen. Der schlanke Stamm wird im natürlichen Zustande 5–6 m hoch, die Zweige erreichen niemals eine beträchtliche Stärke und breiten sich waagerecht aus oder sind sogar leicht abwärts geneigt. Die dunkelgrünen, auf der Oberfläche glatten und glänzenden Blätter erinnern an die des Lorbeerbaumes, sind von ellipti-

 13

scher Form, zugespitzt und gewöhnlich 7–10cm, unter sehr günstigen Wachstumsbedingungen sogar 15cm lang. Sie stehen paarweise gegenständig auf kurzen Stielen; der Abstand zwischen den einzelnen Blattpaaren beträgt 5–10cm. Die kleinen weißen und wohlriechenden Blüten erinnern in Form und Geruch entfernt an die Jasminblüten; sie entspringen in Gruppen von 4–16 aus den Achseln der Blätter. Die Blüte ist nur von kurzer Dauer, in 24 Stunden kann sie verblüht sein. Die Bestäubung geschieht durch Insekten und setzt regenfreies Wetter voraus, da sie sonst unterbleibt. Die Frucht ist ein kirschenartiges Gebilde von länglich eiförmiger Gestalt. Anfänglich ist sie dunkelgrün gefärbt; sobald sie sich aber der Reife zuneigt, wird sie gelb, dann hellrot und schließlich dunkel karmoisinrot. Diese Färbung kennzeichnet den Zustand der Vollreife.

Coffea arabica, mit Früchten besetzter Kaffeebaum aus Brasilien (nach Fotografie)'

Coffea arabica. L. (Nach K ö h l e r s *Medizinalpflanzen)*

Der liberische Kaffeebaum (*Coffea liberica*) ist dem arabischen Kaffeebaum in seiner Erscheinung sehr ähnlich, wird jedoch höher als dieser; er kann eine Höhe von 12m erreichen. Seine Zweige sind kräftiger und stehen deshalb waagerechter vom Stamm ab. Die Blätter sind bedeutend größer, können bis 30cm lang werden. Die Blüten werden bis 3cm groß und sind unregelmäßiger gebaut. Während die Blüte des arabischen Kaffeebaums fünf- oder sechszählig ist, schwankt die Zahl der Kronzipfel bei dem liberischen Kaffeebaum unregelmäßig zwischen 6 und 9. Die Frucht ist kugelig oder oval und im reifen Zustande dunkelrot gefärbt; sie ist größer als beim arabischen Kaffeebaum und wird 2–2,7cm lang.

15

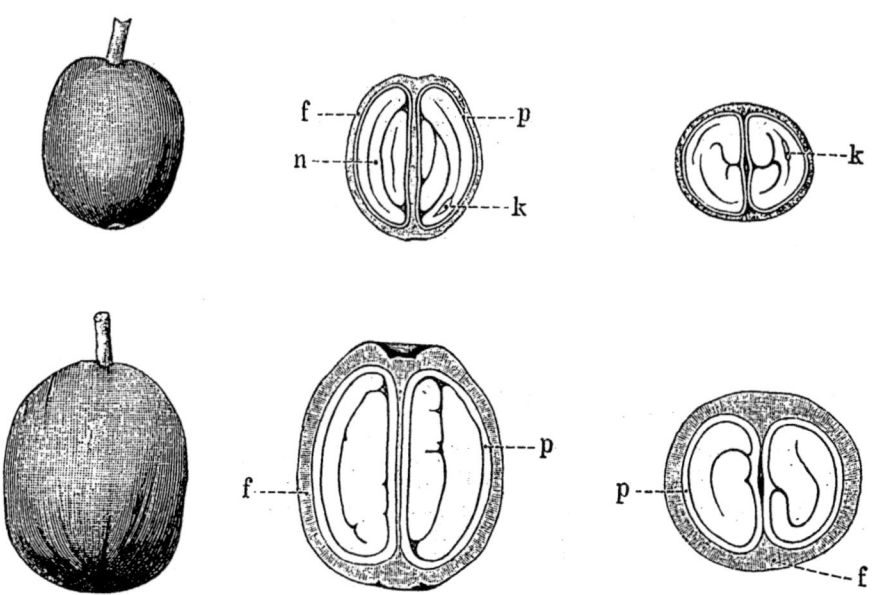

*Obere Reihe: Äußere Reihe, Längsschnitt u. Querschnitt der Drucht
des arabischen Kaffeebaumes. Untere Reihe: Äußere Ansicht,
Längsschnitt u. Querschnitt der Frucht des Liberia-Kaffeebaumes.
f Kaffeefruchtfleisch(Mesokarp). p Pergamentschicht oder Hornschale des Samens (Endokarp). n Nährgewebe des Samens
(Endosperm). k Keim des Samens (Embryo).
(Nach einer Zeichnung von* W. Busse*)*

Wie bei einer echten Kirsche liegt auch bei der Kaffeekirsche unter der lederigen
Oberhaut eine fleischige zuckerhaltige Masse, welche beim liberischen Kaffeebaum
weniger süß, aber faseriger als beim arabischen Kaffeebaum ist. Diesem Fruchtfleisch sind normalerweise zwei Kerne eingebettet, welche auf der Berührungs-
seite abgeflacht, auf der abgewandten Seite abgerundet sind. Wie der Kirschkern
den Samen mit einer harten Schale umschließt, so wird auch bei diesen Kernen
der Samen von einer härteren Hülle umkleidet. Sie hat hornige Beschaffenheit und
wird als Hornschale oder Pergamentschicht bezeichnet. Die Übereinstimmung der
Kafffeekirsche mit der Kirsche wird vollkommen, wenn der eine Kern verkümmert;
der übrigbleibende Kern ist dann beiderseits abgerundet und fällt auch etwas größer aus als die normale Bohne. Man spricht dann von Perl- oder Erbsenbohnen.
Sie sollen besonders reichlich an alten Kaffeebäumen auftreten und bis zu 25%
des Ertrages ausmachen können. Bei jungen Bäumen sollen sie vorwiegend an den

 16

äußersten Spitzen der Zweige auftreten. Es kann nun auch noch eine andere Abnormität vorkommen; an Stelle von zwei Kernen können drei vorhanden sein, welche nach außen gewölbt und von zwei geraden Flächen begrenzt sind. Sie werden in Mexiko als *Cuarterones* bezeichnet, sind nicht beliebt und werden zu billigen Preisen verkauft. Die Perlbohnen gelten im Allgemeinen, aber wohl mit Unrecht, für wertvoller als die gewöhnlichen Bohnen und erzielen im Handel höhere Preise.

Die Pergamentschicht umschließt den Samen; ihre hornige Beschaffenheit macht eine derbe Samenschale überflüssig; sie ist deshalb nur als zarte Haut, als „Silberhäutchen" ausgebildet. Der Samen besteht der Hauptmasse nach aus einem derben Nährgewebe (Endosperm), dem der Keimling eingebettet ist. Aus der oben aufgeführten Analyse der rohen Kaffeebohnen ist ersichtlich, welche Nährstoffe für den Keimling vorhanden sind. Sie sind in den das Endosperm aufbauenden Zellen abgelagert. Die feste hornige Beschaffenheit dieses Gewebes rührt von starken Verdickungen der Zellwände her, welche gleichfalls Nährstoff für den Keimling sind und bei der Keimung verschwinden. Der der Pergamentschicht, welche als der innerste Teil der Fruchtschale aufzufassen ist, und des Silberhäutchens beraubte Kern ist die Kaffeebohne. Ihre Größe kann je nach der Spielart und den Wachstumsverhältnissen erheblichen Schwankungen unterliegen. Die Länge schwankt zwischen 0,5 und 1,5cm, doch wird die letztere Größe nur von dem großbohnigen Liberiakaffee erreicht. Der arabische Kaffeebaum liefert durchweg kleinere Bohnen als der liberische.

Um die Kaffeebohne des Handels zu gewinnen, muss die ganze Fruchtschale und das Silberhäutchen entfernt werden. In der Handelssprache bezeichnet man mit dem Ausdruck Hülse bald die lederige Oberhaut, bald die lederige Oberhaut und das Fruchtfleisch zusammen. Die Kirschen müssen zunächst enthüllt oder mit einem englischen Ausdruck „gepulpt" werden; das geschieht mit Maschinen, welche „Pulper" heißen. Dies Wort kommt von dem englischen Wort *„pulp"*, das Fruchtfleisch. Nach Entfernung der Hülse bleibt der „Pergamentkaffee" übrig. Er wird „geschält", um die Hornschale und das Silberhäutchen zu entfernen.

Heimat des Kaffeebaums. Die Heimat des arabischen Kaffeebaums ist nicht etwa Arabien, sondern liegt in Afrika, und zwar soll es der Distrikt Kaffa im südlichen Abessinien sein, doch ist es zweifelhaft geworden, ob sie so eng begrenzt ist, seitdem man den Kaffeebaum wild an den Ufern des Viktoria Nyanza, in mehreren Gegenden des zentralen Afrikas und selbst in Angola angetroffen hat. Von Abessinien soll der Kaffeebaum zunächst nach Persien und von dort einerseits nach Arabien, andererseits nach Vorderindien gekommen sein. Um 1616 lernte ihn der Holländer Pieter van den Broecke in Mokka kennen und beschrieb ihn. Seine Beschreibung veranlasste die Holländer zu versuchen, den Kaffehandel in ihre Hand zu bekommen; doch haben sie diese Absicht nur teilweise erreicht. Sie haben den Kaffeehandel bloß in den asiatischen Gewässern betrieben, während es Venedig gelang, das Monopol für den Westen zu erringen. Die Beschäftigung mit dem Kaf-

feehandel legte den Holländern aber auch den Gedanken nahe, die Kultur des Kaffeebaums in ihren Kolonien zu verbreiten. 1696 führten sie die ersten Kaffeepflanzen von Malabar nah Java über, doch schlug dieser Versuch fehl; einige Jahre später hatten sie mit ihren Bemühungen mehr Erfolg. Bereits 1706 konnte das erste Kaffeebäumchen von Batavia nach Amsterdam gebracht werden. Hier wurde es weitergepflegt und vermehrt, und von dieser Pflanze hat die Kaffeekultur in Westindien und Südamerika ihren Ausgang genommen. 1719 überführten die Holländer die ersten Kaffeebäume von Amsterdam nach Surinam, und 1726 brachte der französische Kapitän Clieux den Kaffee nach der Insel Martinique. Seine Pflanzen stammten von einem Exemplar ab, das die Holländer 1713 Ludwig XIV. geschenkt hatten und das im botanischen Garten zu Paris weiter kultiviert und vermehrt worden war.

Die Kaffeekultur ist wesentlich eine Kultur des arabischen Kaffeebaums. Der liberische hat erst verhältnismäßig spät die Aufmerksamkeit auf sich gelenkt. 1869 wurden die Kaffeeplantagen auf Ceylon von einem Pilz befallen, der sich auf den Blättern ansiedelte, der *Hemileia vastatrix*. Nach erfolglosem längeren Kampf gegen denselben gab man die Kaffeekultur auf und ging zum Teebau über. Die Holländer hofften, dass die Krankheit auf Ceylon beschränkt bleiben möchte, doch trat sie eines Tages auch auf Java auf. In seiner Not sah man sich nach einem Kaffeebaum um, der gegen diese Krankheit gefeit sein möchte. Da verfiel man auf den liberischen Kaffeebaum, der als sehr widerstandsfähig galt. Seine Heimat ist die Westküste Afrikas in der Gegend der Republik Liberia, und davon hat der Baum seinen Namen. Die Hoffnungen, welche man auf ihn setzte, haben sich nicht in vollem Umfange erfüllt. Der liberische Kaffeebaum ist durchaus nicht immun gegen die Krankheit, sondern vermag ihr vermöge[3] seines kräftigeren Wachstums und seiner größeren Zähigkeit nur erfolgreicher zu widerstehen. Leider besitzen seine Bohnen einen Geschmack, der dem europäischen Konsumenten nicht zusagt, und wenn es inzwischen auch gelungen ist, den Geschmack durch die Kultur zu verbessern, so ist der Abnehmerkreis ein kleiner geblieben. Die Seeleute der nordamerikanischen Segelschiffe sollen freilich den Liberiakaffee dem arabischen vorziehen. Surinam, Trinidad, Guatemala, die Seychellen, Madagaskar, Vorderindien, Ceylon, Malakka, Java usw. bauten ihn an. Nur in den holländischen Kolonien ist er von einigermaßen größerer Bedeutung geworden, doch hat man in Surinam die großen Bestände teilweise wieder umgeschlagen. Das Produkt zu veredeln, ist man besonders auf Java und in Britisch-Indien bestrebt gewesen. Der Versuch, aus *Coffea arabica* und *Coffea liberica* einen fortpflanzungsfähigen Bastard zu erziehen, der die guten Eigenschaften beider Bäume miteinander verband, ist fehlgeschlagen. Dahingegen soll die Pfropfung des arabischen Kaffeebaums auf den liberischen ein Gewächs gegeben haben, das gegen verschiedene Krankheiten widerstandsfähiger ist als der arabische Kaffeebaum. Auch mit dem Geschmack des

---

3   Anm. des Verlags: im Sinne von „dank".

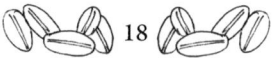

Kaffees müssen die Javaner nicht ganz unzufrieden sein, da die Ernten noch in der Zunahme begriffen sind. 1876 begann man mit der Kultur, 1903 erntete man schon über 60 000dz[4] und die Ernte für das Jahr 1904 wurde sogar auf 80 000dz geschätzt.

Trotz dieser achtungswerten Erfolge ist der liberische Kaffeebaum nicht befähigt, den arabischen zu verdrängen und zu ersetzen. Auch wird das heute von ihm nicht mehr erwartet, da die durch *Hemileia vastatrix* hervorgerufene Krankheit viel von ihrem Schrecken verloren hat. Wohl aber können sich die beiden Kaffeebäume ergänzen, da der arabische Kaffeebaum eine Gebirgspflanze, der liberische eine Tieflandpflanze ist, welche in ihrer Heimat nicht höher als 500m über den Meeresspiegel steigt.

D i e   W a c h s t u m s b e d i n g u n g e n   d e s   K a f f e e b a u m e s . Innerhalb der tropischen Zone ist eine rentable Kaffeekultur überall dort möglich, wo sich die dem Kaffeebaum zusagenden Wachstumsbedingungen finden. Dasselbe gilt natürlich auch für die Ausbreitung der Kultur in vertikaler Richtung, in Gebirgen. Die Höhen, bis zu welchen mit Erfolg der arabische Kaffeebaum kultiviert werden kann, schwanken in verschiedenen Gegenden bedeutend. Im Allgemeinen werden sie umso beträchtlicher sein, je mehr man sich dem Äquator nähert, doch können lokale Verhältnisse erhebliche Abweichungen hervorrufen. Wenn auch im heißen Klima, aber in niedriger Lage, die schwersten Ernten erzielt werden, so lässt doch die Güte des Erzeugnisses viel zu wünschen übrig. Es sind deshalb die höheren Lagen bevorzugt. In Costa Rica wie in ganz Zentralamerika findet der Kaffeebaum sein Fortkommen von der heißen schwülen Küste bis fast zu den Gipfeln der Kordilleren, wo das Klima einen entschieden unwirtlichen Charakter trägt; die vortrefflichsten Ernten werden aber in einer Höhe von 12–1600m gewonnen. In der 5–6 Breitengrade nördlicher gelegenen Costa Grande in Guatemala, wo der Kaffeebaum noch in 1600m sein Fortkommen findet, ist die günstigste Erhebung 600–1000m. Geht man noch nördlicher, nach dem mexikanischen Staate Colima, so sinkt die günstige Höhe auf 300–500m herab. Auf Java und im Malaiischen Archipel ist die Mittellage zwischen 700 und 1300m die beste und lohnendste Lage, obgleich arabischer Kaffee von geringen Erhebungen bis zu 1700m gebaut werden kann. In den genannten Höhenlagen finden sich die klimatischen Verhältnisse in günstigster Konstellation. Der Kaffee verlangt ein mäßig warmes gleichmäßiges Klima, wie es in den mittleren Höhenlagen im heißen Erdgürtel gefunden wird. Eine zwischen 15 und 30°C schwankende Temperatur ist am vorteilhaftesten; für längere Zeit sollte sie nicht über 32 und nicht unter 89°C fallen. Die Niederschläge sollen nicht weniger als 1500 und nicht mehr als 4000mm jährlich betragen und sich ziemlich gleichmäßig über das Jahr verteilen. Zur Zeit der Befruchtung und in den Erntemonaten soll der Regen zeitweilig aufhören oder mindestens sehr nachlassen. Eine Scheidung in eine Regen- und Trockenzeit oder gar in zwei Regen- und Trockenzeiten ist erwünscht. Die Blüte tritt dann meist am Ende der

---

4   Anm. des Verlags: 1dz (Doppelzenter) = 100kg.

Trockenzeit und am Anfang der Regenzeit auf, indem wenige Regenschauer genügen, um den Baum mit Blüten zu bedecken. Dann sind einige Tage heiteren Wetters erforderlich, damit die Bestäubung erfolgen kann. Verregnet die Blüte, ist mit einem beträchtlichen Ernteausfall zu rechnen. Nach dem Fruchtansatz ist regnerisches Wetter erwünscht, da es die Ausbildung der Früchte begünstigt. 7 bis 10 Monate nach der Blüte je nach den klimatischen Verhältnissen reifen die Früchte. Zur Vollendung der Reife ist trocknes Wetter erforderlich, ebenso zur Einbringung der Ernte, damit das Erntegeschäft keine Störung erleidet. Außer der Hauptblüte findet gewöhnlich noch eine zweite und selbst noch eine dritte Blüte statt, man spricht dann von ein oder zwei Nachernten. Auch kann der Haupternte eine kleinere Ernte vorausgehen. Auf Java unterscheidet man eine *„voorbloei"*, *„grootebloei"* und *„nahbloei"* und dementsprechend auch drei Ernten, welche aber unmerklich ineinanderlaufen.

Wo keine scharf geschiedenen Jahreszeiten vorhanden sind, knospt, blüht und fruchtet der Kaffeebaum das ganze Jahr hindurch, was die Aberntung und die Erntebereitung erschwert und verteuert. Innerhalb des Kaffeegebietes Brasiliens bestehen bedeutende klimatische Unterschiede, welche starke Verschiebungen der Blütezeit und der Erntezeit bedingen. Im Staate Rio de Janeiro ist die Reifeperiode kürzer als im Staate São Paulo, weil jener Staat wärmer ist als dieser; infolgedessen kommt der Riokaffee einen Monat eher auf den Markt als der Santoskaffee. Noch auffälliger sind die Unterschiede in den Erntezeiten in einigen anderen Gegenden Brasiliens. In São Paulo fällt der Beginn der Blütezeit Ende August oder Anfang September. Die Blütezeit dauert zwei bis drei Tage, aber sie wiederholt sich noch zweimal mit Zwischenräumen von einigen Wochen. Von April bis Mai beginnen die Früchte zu reifen, welche sich während der Regenmonate Oktober bis April entwickelten. Die Ernte beginnt im Mai und dauert während der trockenen Zeit bis zum September. Obgleich das Blühen in drei Perioden stattfindet, und infolgedessen auch die Früchte zu verschiedenen Zeiten reifen, wird doch bei der Ernte darauf keine Rücksicht genommen, sondern die Früchte werden alle auf einmal vom Strauch gepflückt, was den Wert der Ernte herabdrückt.

In unserer Kolonie Ostafrika und zwar in Usambara fällt die Hauptblüte in den März, die Nachblüte in den April.

Von den klimatischen Verhältnissen sind außer den Niederschlägen und der Temperatur auch der Wind und die Besonnung bei der Kaffeekultur zu berücksichtigen. In hohen kühlen Lagen kann der Kaffeebaum das volle Sonnenlicht ertragen; in ganz tiefen Lagen muss er beschattet werden; in den Lagen dazwischen richtet es sich nach den lokalen Verhältnissen, ob und in welchem Grade beschattet werden muss. Wo aber auch immer schattiert wird, soll der Schatten ganz licht und gleichmäßig sein, sodass die Sonne und der Himmel durch das Laub hindurchscheinen. Um den nötigen Schatten zu gewinnen, pflanzt man verschiedene Baumarten an, welche schnellwüchsiger sind als der Kaffee, oder man lässt bei Anlage von Planta-

gen auf Waldboden beim Roden einzelne Bäume stehen. Sehr sinnig werden diese Schattenbäume in Surinam „Koffiemama" genannt, woraus ihre hohe Bedeutung für die Kaffeekultur hervorleuchtet.

Die Schattenbäume dienen vielfach gleichzeitig als Windbrecher. Am besten wählt man natürlich zur Anlage der Plantage eine windgeschützte Lage. Wo das nicht ausführbar ist, pflanzt man Bäume zum Schutze gegen den Wind an. Ein Windschutz ist auch das Beschneiden des Baumes; denn wenn er etwa auf der Höhe von 1 ½m gehalten wird, leidet er erheblich weniger unter der Wirkung des Windes, als wenn ihm gestattet wird, seinen normalen Wuchs anzunehmen.

Neben den klimatischen Verhältnissen ist die Bodenbeschaffenheit für die Kaffeekultur von größter Bedeutung. Der Boden muss tiefgründig, mindestens 3 Fuß tief sein; je tiefer er ist, umso besser ist es für den Kaffeebaum, da er eine lange Pfahlwurzel von der Gestalt einer gelben Rübe treibt, von der ein Netzwerk von Saugwürzelchen ausgeht. Im Alter von 10 bis 20 Jahren wird sie auf tiefgründigem Boden 2–3m lang. Die berühmten Kaffeeerden Indiens, Savas, Costa Ricas und Brasiliens sind durch Tiefgründigkeit ausgezeichnet. In São Paulo misst die Erdkrume 20m und mehr. Von dem Grad der Tiefgründigkeit ist geradezu das erreichbare Alter der Kaffeebäume abhängig. Hat die Wurzel die Erdkrume durchwachsen und stößt auf felsigen oder steinigen Untergrund, so verkrüppelt der Baum oder stirbt gar ab. In den Gebieten Brasiliens, wo die Erdkrume nur 1m tief ist, sterben die Bäume im Alter von 20–30 Jahren, während sie in dem tiefgründigen Boden CostaRicas 40–50 Jahre alt werden. Je älter die Bäume werden, umso rentabler ist natürlich eine Plantage.

Der Boden soll bei guter Durchlässigkeit das Wasser ausreichend festhalten können. Ein Boden, auf dem sich Grundwasser ansammeln kann, der also beständig überfeucht oder zeitweise, selbst nur wenige Tage, sumpfig ist, ist für die Kaffeekultur ungeeignet. Mit Rücksicht auf diesen Umstand bevorzugt man Lagen an sanften Hängen, wo das Wasser ablaufen kann und der Boden doch nicht bei starken Regengüssen weggeschwemmt wird. Wo letzteres nicht zu gewärtigen ist, werden selbst recht steile Hänge wie in Zentralamerika bebaut. Auch die am Fuße von Abhängen gelegenen Ebenen eignen sich, da sie mit reichem, von den mit Wald bestandenen Höhen herabgeschwemmten Boden bedeckt sind, vorzüglich zur Kaffeekultur, wenn die Gegenwart von Grundwasser ausgeschlossen ist oder wenn es durch Entwässerung beseitigt werden kann. Viel eher als ein Übermaß von Feuchtigkeit im Boden kann ein Mangel daran ertragen werden, da man ihm durch künstliche Bewässerung abhelfen kann. So wird z.B. in Arabien während der mehrmonatlichen Trockenzeit der Kaffeeboden künstlich bewässert. Hinsichtlich der chemischen Natur des Bodens ist der Kaffeebaum wenig wählerisch. Wenn ihm auch wie vielen anderen Gewächsen eine fruchtbare Erde mehr zusagt als eine arme, so kann er doch auch in einer solchen gedeihen; die Voraussetzung ist natür-

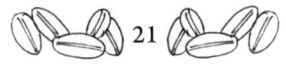

lich, dass sie die nötigen mineralischen Bestandteile enthält oder sie ihr wenigstens als Dünger zugeführt werden. Die besten Kulturresultate sollen auf einem Boden, der einen starken von Wäldern herrührenden Humusgehalt besitzt, oder auf verwitterter Lava erzielt werden. Als vorzüglicher Boden gilt auch mit Humus vermischter Schwemmboden und sandiger humusreicher Lehm.

Der liberische Kaffeebaum verhält sich im Wesentlichen wie der arabische; auf die Abweichungen im Verhalten näher einzugehen, soll hier unterbleiben, da er gegenüber dem Anbau des arabischen Kaffeebaumes sehr zurücktritt.

Die Kultur des Kaffeebaumes. Die Kaffeebäume werden aus Samen gezogen. Um gutes Saatgut zu erhalten, müssen die Früchte vollkommen reif und dunkelrot sein. Sie werden mit der Hand entfleischt, damit die Hornschale nicht beschädigt wird; die Samen werden, mit ihr bekleidet, ausgelegt. Sie bleiben nicht lange keimfähig und lassen sich deshalb für Saatzwecke nicht weit verschicken. Die Samen werden nicht an den definitiven Standort des Baumes in der Plantage ausgesät, sondern in Samenbeete, von wo aus die junge Pflanze in die Plantage versetzt wird. Man verfährt also mit dem Kaffeebaum, wie wir mit unseren Waldbäumen verfahren. Gute frische Saat keimt bereits nach drei Wochen, wenigstens zum Teil. Nach 7–10 Monaten sind die Kaffeebäumchen so weit entwickelt, dass sie in die Plantage, welche inzwischen zweckentsprechend auf geeignetem Terrain hergerichtet worden ist, verpflanzt werden können, was man, damit die jungen Pflanzen nicht vertrocknen, zur feuchten Jahreszeit ausführt. Nach der Verpflanzung schützt man die Bäumchen durch Strohtrichter, welche über sie gestülpt werden, gegen zu starken Sonnenbrand, oder man sät auch vor der Verpflanzung Mais, Bohnen oder Rizinussamen aus, damit die jungen Pflanzen durch sie Schatten erhalten. Auch Bananen eignen sich dazu. Gleichzeitig mit den Kaffeebäumen werden die Schattenbäume gepflanzt.

Die Kaffeebäume werden sehr sorgfältig in Reihen mit bestimmten Abständen gepflanzt, ebenso hält man in den Reihen zwischen den einzelnen Bäumen einen bestimmten Abstand ein. Sollen die Bäume gedeihen, müssen sie einen geeignet großen Standraum zur Verfügung haben. Diese Abstände werden in verschiedenen Gegenden sehr ungleich gewählt, auch gehen die Ansichten über ihre Größe auseinander. So wird z.B. auf Grund der Erfahrungen in Niederländisch-Indien 2,5m mal 2,5m vorgeschlagen, während in Brasilien die Abstände zwischen 3,5m und 4,5m schwanken. Die Plantage wird in Felder eingeteilt, welche durch Wege voneinander getrennt sind, auf denen die an ihren Rändern aufgestellte Ernte abgefahren wird. In Costa Rica und Guatemala werden die Felder 660m lang und 80m breit, die Wege 4m breit gemacht. In anderen Gegenden wählt man andere Verhältnisse.

Eine Kaffeeplantage bedarf ebenso wie ein Obstgarten dauernder Pflege. Vor allen Dingen muss für die Beseitigung des Unkrautes Sorge getragen werden, und hiermit muss schon wenige Wochen nach der Auspflanzung der Kaffeebäume begonnen werden. Je häufiger es wiederholt wird, umso besser ist es. Die Häufig-

keit muss sich nach den verfügbaren Arbeitskräften richten, doch sollte das Unkraut mindestens drei- bis fünfmal im Jahre beseitigt werden. Bei Eintritt der Hauptreifezeit soll der Boden von Unkraut frei sein, damit die Früchte, wenn sie abfallen, leichter aufgelesen werden können.

Hiermit erschöpft sich aber die Pflege der Plantage nicht. Das tote Holz und die Wasserschossen müssen regelmäßig entfernt werben; hin und wieder müssen sämtliche Bäume von Moos und Schmarotzern gereinigt werden. Soweit man dazu imstande ist, müssen die Schädlinge bekämpft werden. Oben konnte bereits die *Hemileia vastatrix* aus Asien als solcher namhaft gemacht werden. In Süd- und Mittelamerika hat ein anderer Pilz, *Stilbum flavidum*, großen Schaden angerichtet, und das sind nicht die einzigen Schädlinge. Auch muss, wenn die Beschaffenheit des Bodens es verlangt, gedüngt werden. 1000kg Kaffee entziehen dem Boden 67 ¾kg Mineralstoffe jährlich. Man kann sich nicht wundern, wenn mit der Zeit eine Verarmung des Bodens eintritt und die Ernte zurückgeht. Durch zweckentsprechende Düngung hat man den Ernteertrag um 50–100% gesteigert und das Leben der Bäume um 15–20 Jahre verlängert.

Ernte von Liberia-Kaffee auf Java
(Nach Koloniaal Museum te Haarlem Afbeeldingen)

Zur Pflege der Plantagen gehört ferner das Beschneiden der Bäume. In den meisten Gegenden hält man die Bäume niedrig, um die Aberntung der Früchte zu erleichtern; dass diese niedrigen Bäume gleichzeitig mehr gegen den Wind geschützt sind, wurde bereits erwähnt. Um die Bäume auf solcher Höhe halten zu können, muss jährlich zweckentsprechend geschnitten werden. Man zieht sie 1 ½, 1 ¼ oder gar nur 1m hoch. Solche Bäume nehmen natürlich Strauchcharakter an, weshalb man

wohl auch von Kaffeesträuchern spricht. Wo man mit Rücksicht auf die Varietät oder das Klima den Baum höher wachsen lassen muss, findet die Ernte mit Leitern statt. In der Literatur findet sich die Angabe, dass der Habitus und die Wachstumsintensität des liberischen Kaffeebaumes ein Beschneiden nicht zuließen; dem Widersprechen aber photographische Aufnahmen, welche die Aberntung des Kaffees an beschnittenen Bäumen auf Java vorführen.

Die in den Plantagen mit aller Vorsicht kultivierten Kaffeebäume tragen unter besonders günstigen Umständen bereits im dritten Jahre, in der Regel erst im vierten. Die erste Ernte heißt Jungfernernte, sie ist nur klein und deckt nur die Kulturkosten. Im fünften Jahre bleibt bereits ein keiner Nutzen, aber erst im sechsten Jahre erreicht der Baum seine volle Tragkraft. Er liefert dann, je nach der Fruchtbarkeit des Bodens, dem Klima, der Pflege und Zuchtmethode 3/8 bis 2kg marktfertigen Kaffees. Einzelstehende und gut gedüngte kräftige Exemplare sollen bis zu 6kg liefern. Der Café Bourbon gibt bedeutend höhere Ernten als der arabische Kaffeebaum; 7,5kg pro Baum soll noch nicht einmal eine ungewöhnlich hohe sein. Auch der Liberia-Kaffeebaum trägt mehr; er liefert durchschnittlich 2kg, unter günstigen Umständen sogar 5kg Kaffee.

Für gut im Betrieb befindliche Plantagen stellt sich für längere Zeit der jährliche Ertrag vom Hektar auf 900 bis 1000kg. In Brasilien liefert eine durchschnittliche Kaffeeernte vom Hektar 333kg auf erschöpftem Boden, 800kg auf besserem Land, 1350kg auf jungfräulichem Boden, 1600–2000kg bei rationeller Düngung.

Wenn mit zunehmendem Alter der Bäume ihre Tragfähigkeit nachlässt, muss die Pflanzung erneuert werden.

E r n t e. Wenn die Kaffeekirschen purpurrot werden, beginnt die Ernte, wenigstens in der Mehrzahl der kaffeebauenden Länder. Die Araber lassen allerdings die Früchte an den Bäumen totreifen; sie schütteln sie dann ab und fangen sie auf untergelegten Matten auf. Auf diese Überreife wird die hohe Güte des Mokkakaffees zurückgeführt. Durch Ernten noch nicht ganz reifer Früchte leidet die Qualität des Kaffees erheblich. Deshalb ist der von den Eingeborenen Indiens und Ceylons gewonnene „Native-Kaffee" minderwertiger als der Plantagenkaffee dieser Länder. Auch die geringeren Qualitäten des Brasilkaffees sollen zum Teil von der mangelnden Sorgfalt beim Pflücken bedingt sein. Mit Ausnahme von Arabien geschieht das Ernten überall durch Pflücken; die Früchte werden in Körbe gelegt, welche die Pflücker umgehängt tragen, oder man lässt die abgepflückten Früchte wie in Brasilien auf die gereinigte Erde fallen, von der man sie aufsammelt und durch Sieben von Sand und Steinen befreit. Dann werden die Früchte in Säcke gefüllt, nachdem noch etwaige Blätter und Zweige herausgenommen worden sind. In São Paulo hat man dies Verfahren insofern verbessert, als man die Früchte auf unter die Bäume gelegte Laken fallen lässt. Die gefüllten Körbe und Säcke werden an dem Rande der durch die Plantagen führenden Wege aufgestellt, und ihr Inhalt von hier aus nach der Aufbereitungsstätte hingeschafft. Wie das geschieht, richtet sich nach den örtlichen Verhältnissen. Die Früchte werden durch

Träger oder durch Lastochsen oder durch Ochsenkarren usw. nach dem Maschinenhause, wo die Aufbereitung stattfindet, geschafft. Auf großen Plantagen, wo reichlich Wasser zur Verfügung steht und große Ernten zu bewältigen sind, werden die Früchte vielfach, z.B. in Guatemala, durch lange Röhrenleitungen, oder wie in Brasilien durch Flumen, d.h. hölzerne Rinnen von V-förmigem Querschnitt mittels Wasser befördert.

Kaffeeplantage im zentralen Hochlande von Ceylon mit einer durch Wasser betriebenen Pulping Mill. Links wird der auf Coirmatten getrockneten Bergament-Kaffee zu Haufen zusammengefegt.
(Tschirch, *Indische Heil- und Nutzpflanzen*)

Aufbereitung der Ernte. Die Aufbereitung der Ernte, soweit es sich zunächst um die Gewinnung des Pergamentkaffees handelt, geschieht im Prinzip nach zwei Verfahren, nach dem trockenen oder nassen Verfahren, welch letzteres auch als westindisches bezeichnet wird. Es ist nur dort anwendbar, wo reichlich Wasser zur Verfügung steht.

Beim nassen Verfahren beginnt man entweder sofort mit dem Enthülsen der Kirschen, nachdem sie im Maschinenhause oder der *„Pulping mill"* aufgeschüttet worden sind, oder man lässt sie in trockeneren Gegenden erst einige Tage in mit Wasser gefüllten Bassins weichen. Die im Wasser schwimmenden Früchte trennt man als minderwertig von den anderen und verarbeitet sie für sich. Ein Wasserstrom führt

beständig die Kirschen durch den Pulper hindurch, wobei sie zerquetscht werden, und trennt dann die Hülse von dem Pergamentkaffee. Letzterer wird durch den Wasserstrom in die Fermentierungsbassins geführt, während die Hülse auf den Komposthaufen wandert, um später als Dünger Verwendung zu finden, die Pulper sind entweder Zylinder- oder Scheibenpulper. Bei jenen bewegt sich ein Zylinder mit gerauhter Oberfläche innerhalb eines Eisenmantels gleichfalls mit gerauhter Oberfläche. Der Abstand zwischen beiden ist so gewählt, dass nur der Pergament-kaffee passieren kann, die Kirschen also zerquetscht werden müssen. Im Scheiben-pulper treten an Stelle des Zylinders kreisrunde gerauhte Scheiben.

Die Fermentierungsbassins haben einen siebartig durchbrochenen Boden, sodass das Wasser, welches den Pergamentkaffee in dieselben hineinführt, wieder ablaufen kann. Ist der Kaffee hier bis zur Höhe von 1–2m angewachsen, überlässt man ihn sich selbst, je nach den Temperaturverhältnissen, für 36–60 Stunden. Er macht eine Gärung durch, wodurch das dem Kaffee noch anhaftende Fruchtfleisch zerstört wird. Nach vollendeter Gärung wird der Kaffee in die Waschzisternen oder in besondere Waschmaschinen gebracht. In den Waschzisternen soll der Kaffee nicht höher als bis zu ¼m aufgeschichtet werden; man lässt dann Wasser darauf, das noch eine Hand breit höher steht. Der Kaffee wird hier unter Erneuerung des Was-sers mit Rechen gründlich durchgearbeitet, bis sich das Wasser nicht mehr schlei-mig anfühlt. Alsdann lässt man es ab und schaufelt den Kaffee in eine Zisterne, deren Boden aus einem mit engmaschigem Drahtgeflecht bedeckten Pfahlrost besteht. Hier tropft der Kaffee ab und wird dann auf die Trockentenne geschafft. Die Konst-ruktion der Waschmaschine läuft darauf hinaus, das Hin- und Herbewegen des Kaf-fees im Wasser durch Maschinenkraft zu ersetzen. Auf größeren Unternehmungen werden die Maschinen durch Wasser- oder Dampfkraft oder Elektrizität getrieben, wie denn auch die sonstigen Einrichtungen, Lage der verschiedenen Zisternen zueinander und zum Trockenplatz so getroffen sind, dass möglichst wenig mensch-liche Arbeitskraft in Anspruch genommen zu werden braucht.

Wo die Ernteaufbereitung auf bedeutender Höhe steht, schaltet man zwischen Waschung und Trocknung noch eine Sortierung ein. Die Sortierungsbehälter, zwei bis drei an der Zahl, sind zementierte viereckige, mit Wasser gefüllte Kästen. Von der Waschvorrichtung her führt über sie eine hölzerne Rinne mit schwachem, aber regulierbarem Gefälle hin, sodass der Wasserspiegel im Sortierungsbassin genau mit der Oberseite des Rinnenbodens zusammenfällt. In demselben befindet sich über jedem Bassin eine kleine Schieberklappe, die je nach Bedarf mehr oder weni-ger weit geöffnet wird. In der Rinne kommen die Bohnen langsam angeschwom-men; wenn sie die geöffnete Klappe passieren, fallen die jeweils schwersten Bohnen in das Bassin, während die leichteren weiterschwimmen. Durch die dritte Klappe fällt der ganze Rest hindurch; wo nur mit zwei Sortierungsbassins gearbeitet wird, sammelt man ihn auf einer Siebplatte, während das Wasser abfließt.

Das Trocknen des Kaffees geschieht auf großen gepflasterten oder zementierten Tennen. Ihre Größe, resp. ihre Zahl muss sich nach der zu bewältigenden Ernte richten. Er soll hier nicht höher als 8cm aufgeschichtet werden und muss mehrere Male am Tage mit hölzernen Rechen gewendet, auch vor Tau und Regen geschützt werden. Die zum Trocknen erforderliche Zeit hängt ganz von den herrschenden Witterungsverhältnissen ab. Bei günstiger Witterung ist der Kaffee in 10 Tagen trocken, bei ungünstiger kann es aber auch 4 Wochen in Anspruch nehmen. An der Tenne befinden sich Verschläge, unter welche der Kaffee gebracht werden kann, um vor Tau und Regen Schutz zu finden, wenn er auf der Tenne „windtrocken" geworden ist. In sehr feuchten Gegenden ist das Trocknen außerordentlich erschwert; da muss man zum künstlichen Trocknen seine Zuflucht nehmen, was aber auch in anderen Gegenden den Trockenprozess erheblich abkürzen würde. Man trocknet entweder in Maschinen, heizbaren drehbaren Trommeln, oder in Trockenhäusern, in denen die auf 50–60°C erwärmte Luft durch den Fußboden und den auf ihm ruhenden Kaffee streichen kann. Für häufiges Wenden muss Sorge getragen werden, da aber die warme Luft von unten kommt, kann der Kaffee höher aufgeschichtet werden. In 30–36 Stunden ist das Trocknen in der Regel vollendet. Vielfach benutzt man auch eine zweckmäßige Verbindung von natürlicher und künstlicher Trocknung. Wenn der Kaffee fertig getrocknet ist, ist er „glashart" geworden. Der Fingernagel darf die Pergamentschicht nicht ritzen; die Bohne darf sich nicht biegen, sondern muss wie Glas zerspringen, wenn man sie zu zerschlagen sucht.

Der fertig getrocknete Pergamentkaffee muss nun geschält und poliert werden, es müssen die Hornschale und das Silberhäutchen beseitigt werden. Das Prinzip der verschiedenartigen, zu diesem Zwecke konstruierten Maschinen läuft darauf hinaus, dass zwischen einer rotierenden Walze und einem feststehenden Mantel oder zwischen sich drehenden Rädern und der Wand des Behälters, in dem sie sich bewegen, die Hornschale zerbrochen wird, wodurch die Kaffeebohne frei wird. Hierbei wird vielfach gleichzeitig das Silberhäutchen abgerieben, der Kaffee wird poliert. Wo dies durch die Schälmaschine nicht vollkommen genug erreicht wird, muss der Kaffee noch die Poliermaschine passieren; auch müssen durch zweckentsprechende Einrichtungen die Bohnen von den Schalen und Häuten gesondert werden. Dann muss der Kaffee erst eine siebartige Vorrichtung passieren, damit die Bohnen nach der Größe getrennt werden. Vorher liest man aber noch die Perlbohnen aus. Auch das lässt sich maschinell ausführen. Durch eine enge Öffnung fallen die Bohnen auf ein über zwei sich drehende Walzen gespanntes Segeltuch, das sich in einer schiefen Ebene bewegt. Die flachen Bohnen bleiben auf dem Segeltuch liegen und werden nach der anderen Seite mitgenommen, während die runden Perlbohnen an der schiefen Ebene herabrollen und leicht gesammelt werden können. Zum Schluss müssen aus dem fertigen Kaffee noch die schlechten Bohnen mit der Hand ausgesucht werden.

Das trockene Verfahren zur Gewinnung des Kaffees ist viel einfacher. Die einge-brachten Kaffeekirschen lässt man auf den Trockenplätzen trocknen, bis sie „rappel-dürr" geworden sind. In Brasilien nennt man den so gewonnenen Kaffee „café ter-reiro"; terreiros heißen die Trockenplätze. Beim primitivsten Verfahren, wie es z.B. die Eingeborenen Mexikos anwenden, werden die getrockneten Früchte in einem hölzernen Mörser zerbrochen und die Bohnen dann mittels Windfegen von den Hülsen und Schalen getrennt. Bei einem fortgeschritteneren Verfahren werden die Früchte erst entpulpt und später geschält. Das Schälen und die weitere Behandlung des Kaffees wird in derselben Weise ausgeführt, wie oben für das westindische Ver-fahren geschildert wurde.

Ursprünglich wurde die Aufbereitung der Ernte auf der Plantage vollkommen durchgeführt und nur die polierte Bohne in den Handel gebracht. Seit Dezennien[5] aber wird schon ein Teil des Kaffees als Pergamentkaffee nach den großen Hafen-plätzen Europas und der Vereinigten Staaten gebracht, wo besondere Schälanstal-ten die weitere Bearbeitung übernehmen. Bei der oben geschilderten Sortierung des gewaschenen Kaffees in Guatemala (z.B. in Andres Osuna) werden die beiden ersten, die schwersten Sorten, als Pergamentkaffee versandt, während nur die dritte, die leichteste Sorte an Ort und Stelle weiterverarbeitet wird. Das dürfte wohl darauf beruhen, dass die Transportkosten für diese Sorte in der Schale zu hoch sind. In neuerer Zeit haben sich, zunächst in Mexiko, dann aber auch in den zentralame-rikanischen Staaten Schälereien etabliert, welche den Pergamentkaffee im Lande selbst weiterverarbeiten. Es wird nämlich behauptet, dass der z.B. in Hamburg geschälte Kaffee seine schöne blaue Farbe nicht so lange behalte wie der in der Hei-mat entschälte. Die Schälereien sind dann noch einen Schritt weitergegangen und haben die ganze Erntebereitung übernommen, indem sie den Pflanzern die Kaf-feekirschen abkaufen. Dies Vorgehen ist namentlich für die Eingeborenen und für kleinere Pflanzer vorteilhaft, da sie die Aufbereitung wegen Fehlens entsprechender Maschinen nicht so kunstgerecht ausführen können, wie Unternehmungen, welche sich ausschließlich dieser Aufgabe widmen. Die größten Schälereien liefern bis zu 100 000 Ztr. marfktfertigen Kaffees in einem Jahre.

Der zum Versand fertige Kaffee muss verpackt werden. Mit Ausnahme von Cey-lon, dessen Ausfuhr heute aber keine Rolle mehr spielt, wird der Kaffee überall in Säcken von verschiedenem Gewicht und verschiedenem Material verpackt. Vorwie-gend werden Jutesäcke benutzt, in anderen Gegenden wohl auch sogenannte Grass-säcke, die aus Agavenfasern bestehen dürften. Eine einheitliche Verpackung nament-lich in Bezug auf Gewicht wird angestrebt. Der Brasilkaffee wird in den Hafenstädten umgefüllt und kommt in Säcken zu 60kg in den Handel. Die Säcke werben allgemein als Ballen bezeichnet. Ceylon verschickt den Kaffee in Fässern verpackt.

---

5   Anm. des Verlags: Jahrzente.

Produktionsländer und Produktionsmengen. Aus der nachfolgenden Karte ist ersichtlich, wo Kaffeebau betrieben wird, in Amerika, Afrika, Asien und auf einigen Inseln der Südsee. Aber diese Gebiete sind von sehr ungleicher Bedeutung für die Weltproduktion. Wie aus der folgenden Zusammenstellung derselben für das Jahr 1902/3 hervorgeht, spielt die Heimat des Kaffeebaums, Afrika, die unbedeutendste Rolle. Der Erdteil deckt seinen eigenen Bedarf noch nicht einmal, seine Bedeutung als Kaffee produzierendes Gebiet liegt in der Zukunft. Die Bedeutung Asiens hat außerordentlich abgenommen. 1902/3 lieferten Afrika und Asien zusammen nur 64 860 000kg Kaffee, und dabei war es noch ein günstiges Kaffeejahr für Ostindien.

Kaffeeproduktion 1902/3

Rio		4 102 000 Ballen
Santos	Brasilien	8 542 000 Ballen
Victoria		4 200 000 Ballen
Bahia		322 000 Ballen
Mexiko, Costa Rica, San Salvador, Guatemala		1 635 000 Ballen
Venezuela, Kolumbien, Languayra, Porto Cabello, Maracaibo, Ecuador, Peru		1 148 000 Ballen
Kuba, Portoriko, Britisch- Westindien		50 000 Ballen
Haiti		385 000 Ballen
Afrika		177 000 Ballen
Ostindien		904 000 Ballen
	á 60kg	1 768 500 Ballen
		1 059 100 000 kg

Nahezu eine Milliarde Kilogramm Kaffee wurde in demselben Jahr von Amerika produziert. Das Kaffeegebiet Amerikas erstreckt sich ungefähr zwischen dem 30°n.Br. und dem 30°s.Br. Auch dies Gebiet ist von sehr ungleicher Bedeutung, wie gleichfalls aus der Tabelle zu ersehen ist. Bei weitem das ertragreichste Gebiet ist Brasilien. Es erzeugte 1902/3 allein 75,7% der Gesamtproduktion der Erde und 80,6% der amerikanischen. An zweiter Stelle stehen Mexiko und die zentralamerikanischen Republiken mit 9,9%, an dritter Stelle der nordwestliche Teil Südamerikas mit 6,9%. Am wenigsten produzieren die großen und kleinen Antillen, nämlich 2,6%. Die Bedeutung eines kaffeeproduzierenden Gebietes darf aber nicht allein nach der Produktionsmenge, sondern muss auch nach der Qualität des Erzeugnisses beurteilt werden. Da liegen nun die Verhältnisse ganz anders, Quantität und Qualität gehen durchaus nicht zusammen. Brasilien erzeugt freilich viel Kaffee, aber nicht die besten Sorten. Ein Blick in die Zeitung auf den Marktbericht genügt, um das zu erkennen; denn im Allgemeinen sind die höher bezahlten Sorten auch die besseren, jedenfalls aber die hoch bezahlten.

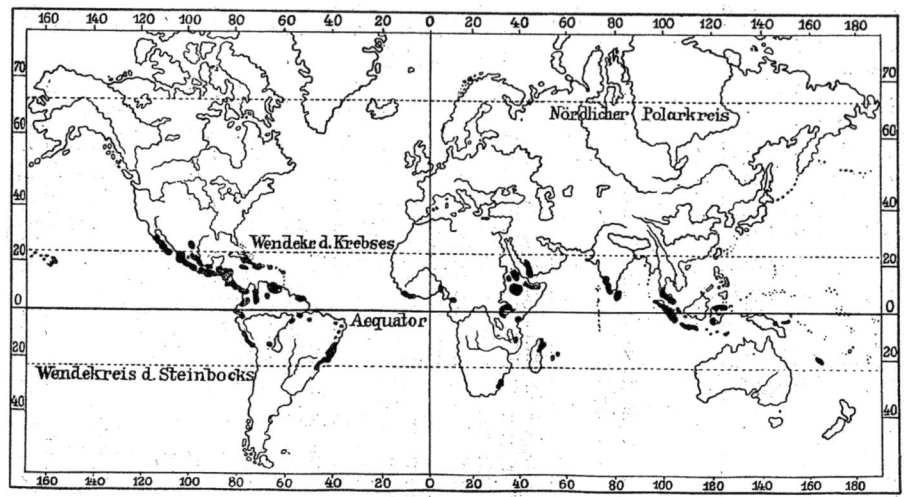

Verbreitung des Kaffeebaus auf der Erde.
Die Kaffeeanbaugebiete sind durch schwarzen Druck gekennzeichnet.
(Nach „Der Kaffee" vom Kaiserlichen Gesundheitsamt Berlin 1903)

In besonders hohem Ansehen steht der Mokkakaffee, welcher aber nur zum Teil aus Arabien, zum Teil aus Abessinien stammt. Dies Renommée ist eigentlich nur noch ein historisches; es gibt Kenner, welche gewisse Sorten des Java- und des zentralamerikanischen Kaffees dem Mokkakaffee vorziehen, und dementsprechend werden diese Sorten auch höher bezahlt. Einen sehr guten Ruf genießen alle Javakaffees, worunter im Allgemeinen die Sorten aus Niederländisch-Indien gehen. Von den zentralamerikanischen Sorten mögen beispielsweise Guatemala und Costa Rica erwähnt werden. Gute Sorten liefern auch die Philippinen, Ceylon und Indien; geschätzt werden die westindischen Kaffees von Jamaika und Puerto Rico. Venezuela exportiert durchschnittlich gute Sorten, welche noch viel wertvoller sein würden, wenn die Aufbereitung der Ernte eine sorgfältigere wäre. Die afrikanischen und Brasilsorten gehören mit zu den geringwertigsten. Letztere liefern das Getränk der großen Menge der Kaffeetrinker bei uns zu Lande.

Im Kaffeehandel unterscheidet man eine große Zahl Sorten, wie die folgende Zusammenstellung zeigt. Man teilt sämtliche Sorten zunächst in vier Hauptgruppen ein, in amerikanische, westindische, ostindische oder asiatische und in diverse Sorten. Die Bezeichnung der Sorten ist hergenommen entweder von den Ländern, woher der Kaffee kommt, oder von Verschiffungsorten wie Santos, Rio, Bahia, Laguayra, Savanilla usw., oder von bestimmten Landschaften, Hauptstädten eines Produktionsgebietes, selbst bestimmten Pflanzungen. In einzelnen Fällen wird auch auf die betreffende Spielart zurückgegangen wie in der Bezeichnung Bourbon-Campinas oder in dem Ausdruck *Café maragogipe*, welcher in unserer Tabelle ebenso

wenig wie der liberische Kaffee aufgeführt ist. Der Bourbon-Campinas hat natürlich nichts mit dem Bourbon Kaffee, welcher von der Insel Bourbon kommt, zu tun. Neben diesen Bezeichnungen der Kaffeesorten, welche für den Welthandel Bedeutung haben, kommen in den verschiedenen Ländern allerlei lokale Benennungen für den dort produzierten Kaffee vor, welche im Welthandel verschwinden.

1. A m e r i k a n i s c h e   S o r t e n : a) Brasil mit den Unternamen: Santos, Rio, Campinas, Bourbon-Campinas, Maranhon, Bahia, Dumont, Damararyartig usw.; b) Berbice und c) Damarary, beide aus Engl.-Guyana; d) Franz.-Guyana; e) Surinam aus Niederländisch-Guyana; f) Caracas oder Laguayra mit dem Unternamen Puerto Cabello; g) Columbia oder Savanilla mit Unternamen Bogota, Neu Granada, Savanilla; h) Peru; i) Honduras; k) Nicaragua; l) San Salvador; m) Costa Rrica; n) Guatemala; o) Mexiko (Daxaca, Coatepec, Cordoba, Orizaba).

2. W e s t i n d i s c h e   S o r t e n : a) Cuba; b) Puerto Rico; e) Domingo (Haiti); d) Jamaika; e) Dominika; f) Grenada; g) Trinidad; h) Martinique; i) Guadeloupe.

3. O s t i n d i s c h e   o d e r   a s i a t i s c h e   S o r t e n : a) Java oder Batavia (Jacatra, Cheribon), Samarang, Preanger, Soemanik usw.; b) Sumatra; c) Menado; d) Ceylon; e) Manilla; f) Dstindias (Mysore, Coorg, Bangalore, Neilgherry); g) Mocca (Bahuri, Sakki, Ormuz und Salabi).

4. D i v e r s e   S o r t e n : a) Usambara (Afrika); b) Catzengo (Afrika); e) Bourbon (Insel), Nyassaland (Afrika) usw.

Die in unserer Zusammenstellung namhaft gemachten Sorten können vom Fachmanne deutlich nach Geschmack, Aroma und Ausgiebigkeit bei Herstellung eines Aufgusses auf die gerösteten und gemahlenen Bohnen unterschieden werden. Der Kaffeehändler unterscheidet die Sorten nach dem Aussehen der rohen Bohnen, d.h. nach ihrer Gestalt, nach den Größenverhältnissen und der Farbe, ferner nach dem Geruch, nach der Härte oder Zähigkeit usw. Bei den einzelnen Sorten kommen nun weitere Unterscheidungen in Betracht. Der Kaffee einer bestimmten Provenienz ist nicht durchaus gleichwertig. Wenn der Kaffee des betreffenden Landes auch einen bestimmten Charakter hat, so kommen doch kleine Abweichungen vor, welche durch lokale Einflüsse des Bodens, durch die Kulturmethode bedingt sind. Dadurch wird eine weitere Gliederung der Sorten erforderlich. Ferner fällt die Ernte nicht immer gleich aus und hierzu kommt noch, dass die Aufbereitung derselben mit sehr ungleicher Sorgfalt ausgeführt werden kann und ausgeführt wird. So erhält man aus demselben Lande Kaffee von sehr verschiedener Güte. Um diese Abstufungen in der Wertschätzung auszudrücken, haben sich bestimmte, für die einzelnen Sorten verschiedene Bezeichnungen eingebürgert, auf die hier nicht näher eingegangen werden kann.

Die zahlreichen Sorten sind ein Beweis dafür, wie leicht der arabische Kaffeebaum durch die klimatischen und Bodenverhältnisse zu beeinflussen ist, denn alle diese Sorten sind seine Erzeugnisse. Wir haben oben gesehen, welchen Weg der Kaffeebaum gewandert ist, dass die Kaffeekultur in Südamerika und Westindien von derselben Pflanze ihren Ursprung genommen hat, dass diese von Java kam, und dass der javanische Kaffeebaum auf Umwegen freilich aus Persien oder Arabien importiert worden ist, und doch wie verschiedenartig ist das Produkt in den einzelnen Ländern. Man hat den Kaffee aus Arabien nach Brasilien verpflanzt, aber man hat dadurch keinen Mokkakaffee, sondern nur Brasilkaffee gewonnen. In der Kultur haben sich keine oder nur wenige konstante Varietäten, welche letztere hier aber belanglos sind, ausgebildet. Mit dem Wechsel der klimatischen und Bodenverhältnisse verändert sich auch die Beschaffenheit der Kaffeebohne.

Das Absatzgebiet der einzelnen Länder richtet sich teils nach den politischen und wirtschaftlichen Beziehungen, welche zwischen ihnen und den Konsumländern bestehen, teils nach dem besonderen Geschmack dieser. Die Kolonien senden ihre Erzeugnisse meistens nach dem Mutterlande. So geht der Kaffee aus Niederländisch-Indien hauptsächlich nach Holland, der der britischen Kolonien nach England. Der Kaffee von Guatemala wird vorzugsweise nach Hamburg verschifft, da die dortigen Plantagen vorwiegend in deutschen Händen sind. Unter den Hafenplätzen der verschiedenen kaffeeimportierenden Länder haben sich einzelne ganz besonders mit dem Kaffeeimport beschäftigt und für den Vertrieb der Ware und die Vervollkommnung des Produktes zweckmäßige Einrichtungen getroffen. Solche Kaffeeplätze sind London in England, Hamburg in Deutschland, Amsterdam in Holland, Hâvre in Frankreich, Triest in Österreich und New York in den Vereinigten Staaten von Nordamerika.

Die rohe Kaffeebohne ist zur Herstellung des Getränkes ungeeignet, da ihr die Stoffe fehlen, welche dem Kaffee seinen spezifischen Geschmack und sein Aroma verleihen. Diese Stoffe müssen erst aus den in der Kaffeebohne vorhandenen chemischen Verbindungen erzeugt werden, und das geschieht durch das R ö s t e n o d e r B r e n - n e n . Durch diesen Vorgang ändern sich aber auch die physikalischen Eigenschaften der Bohnen, auch bedingt er einen erheblichen Gewichtsverlust, sodass 1 1/5kg rohe Bohnen erforderlich sind, um 1kg gerösteten Kaffee zu liefern. Durch das Rösten schwillt der Kaffee sehr bedeutend auf, was auf das Verhalten des kaffeegerbsauren Koffein-Kalis zurückzuführen ist, welches beim Erhitzen sein Volumen um das Fünffache vergrößert. Die Bohnen werden leichter, verlieren ferner ihre natürliche zähe Beschaffenheit und werden spröde, sodass sie sich nun leicht pulverisieren lassen, was zur ergiebigen Ausnutzung des Kaffees erforderlich ist. Die natürliche blaue, grüne, gelbe oder braune Farbe der Bohnen geht in rotbraun bis dunkelbraun über je nach der Röstungstemperatur. Der Kaffee verliert beim Brennen zunächst Wasser, dann treten schwere, die Augen angreifende Dämpfe von sehr aromatischem Geruch auf. Sie bestehen vorwiegend aus Zersetzungsprodukten der Kaffeegerbsäure, welche hierbei zum größten Teil zerlegt wird. Unter diesen Zersetzungsprodukten befindet sich auch ein dem ätherischen Öl ähnlicher flüchtiger Körper, der zu den in der Einleitung als Teeöle bezeichneten Verbindungen gehört. Beim Rösten verflüchtigt sich ein Teil des Koffeins, weshalb es nicht weitergetrieben werden soll, als unumgänglich nötig ist.

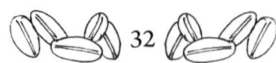

Die dunkelbraune Färbung und der bittere Geschmack des Kaffeeaufgusses rühren von den Produkten her, welche aus den in der rohen Kaffeebohne vorhandenen Kohlehydraten, wie Zucker, Dextrin und Verwandten, hervorgehen. Aus dem Zucker, welcher fast völlig verschwindet, entsteht der Hauptmasse nach zunächst ein geschmackloser, tief dunkelbraun gefärbter Körper, Caramel, und etwas Assamar oder Brandbitter, ein Umwandlungsprodukt des Caramels. Der Zellstoff wird durch das Rösten zum Teil in lösliche braungefärbte Verbindungen übergeführt.

Das Rösten muss mit außerordentlicher Vorsicht ausgeführt werden, um den richtigen Zersetzungsgrad der einzelnen Stoffe zu treffen. Allgemeine Vorschriften lassen sich nicht geben, die Erfahrung muss im einzelnen Falle lehren, ob das Rösten vollendet ist. Es sollte nicht weitergetrieben werden, als bis der Kaffee beim Mahlen ein rotbraunes Pulver liefert, sonst büßt er an Wohlgeschmack und an Koffeingehalt ein. Verwerflich ist, es so weit fortzusetzen, dass die Bohnen schwitzen, d.h. dass sie sich mit einem eigentümlichen Fettglanz überziehen. Ebenso wichtig, wie den richtigen Röstungsgrad abzupassen, ist es, für eine schnelle Abkühlung der Bohnen Sorge zu tragen, damit die Zersetzung in ihrem Innern keine Fortschritte macht.

Die primitivste Röstungsweise, welche in Haushaltungen im Gebrauch ist, besteht darin, den Kaffee in einer flachen Metallpfanne in nicht zu hoher Schicht unter beständigem Umrühren mit einem hölzernen Spatel oder Kochlöffel zu rösten. Diese Methode ist sehr gut, gestattet aber nur geringe Mengen auf einmal zu rösten. Für das Brennen größerer Mengen hat sich die Röstungstrommel eingebürgert. Es ist ein aus Eisen- oder Kupferblech bestehender, um eine horizontale Achse drehbarer Zylinder mit einem seitlichen Schieber zum Einfüllen des Röstgutes. Bei dieser Methode ist es schon schwieriger, den Moment abzupassen, wo die Röstung vollendet ist.

Da das Kaffeerösten viel Übung und große Aufmerksamkeit voraussetzt, auch Zeit erfordert, so haben sich namentlich in größeren Städten besondere Röstereien aufgetan, um dem Konsumenten die Arbeit abzunehmen. Da sie ein viel gleichmäßigeres Produkt liefern können, bürgert sich immer mehr der Gebrauch ein, den Kaffee im gebrannten Zustande zu kaufen. Diese Röstereien benutzen Schnellröster, Trommeln verschiedener Konstruktion, welche mit Maschinenkraft gedreht werden. Man lässt Heizgase von 200–220° oder heiße Luft durch das Röstgut streichen oder erwärmt die Masse von außen, sorgt auch für Absaugen der Zersetzungsprodukte, welche dem Geschmack und dem Aroma des Kaffees schaden, durch Exhaustoren, und kühlt die geröstete Masse schnell ab, indem kalte Luft über den in dünner Schicht ausgebreiteten Kaffee streicht. – Es gibt noh einige andere Methoden, auf welche hier nicht näher eingegangen werden kann.

Der geröstete Kaffee muss an einem trockenen Orte und von der Luft abgeschlossen aufbewahrt werden, damit er kein Wasser anzieht und sein Aroma nicht einbüßt. In gemahlenem Zustande lässt er sich nicht lange aufheben, da er einen ranzigen Geschmack annimmt. Um das Aroma der gebrannten Bohnen länger zu

konservieren, versieht man sie mit einer Glasur von Zucker oder anderen Stoffen, es entsteht ein feines Häutchen, welches die flüchtigen Stoffe nicht oder nur schwierig passieren lässt. Den Zucker setzt man beim Brennen zu, sonst stellt man eine wässerige Lösung von Rübenzucker, Stärkesirup, Stärke, Dextrin, arabischem Gummi, Hühnereiweiß, auch Mischungen zweier oder mehrerer Stoffe, oder wässerige Auszüge von Feigen, Datteln und anderen zuckerhaltigen Früchten her, besprengt damit mittels einer Gießkanne das heiße Röstgut und arbeitet es gut durch. Auch Überzüge von feinen Harzen wie Schellack usw. sind im Gebrauche.

Verfälschungen. Verfälschungen werden bereits mit der rohen Kaffeebohne versucht. Behandelt man den Kaffee vorsichtig mit Wasser oder Wasserdampf, so kann man den kleinbohnigen Kaffee dem großbohnigen ähnlicher machen und bessere Preise erzielen.

Sind die Bohnen anstatt gleichmäßig gelb, grün oder blau missfarbig, so kann man ihr Aussehen durch geeignete Färbungsmittel verbessern und den Farbenton nach Willkür regulieren; man kann auch schwach gefärbte Sorten stärker färben, sodass sie eine bessere Farbe erhalten. Soweit das Färben beabsichtigt, eine bessere Beschaffenheit der Ware, als sie besitzt, vorzutäuschen, dokumentiert sie sich als Fälschung, und sie ist strafbar nach deutschem Gesetz, wenn giftige Farben zur Anwendung gelangen. Färbemittel, welche zu diesem „Schönen" dienen, sind Eisenoxyd, basisches Bleichromat, Drange II, Eisenhydroxyd, Chromgelb, Azogelb, Malachitgrün, Methylgrün, Berliner Blau, Turnbullsblau, Ultramarin, gerbsaures Eisenoxyd, Graphit, Kohle u. a. m. Es kommen sogar sogenannte „Appreturen", Mischungen von Farbstoffen, in den Handel. Der Chemiker ist imstande, derartige „Verbesserungen" nachzuweisen. Unzulässig ist es natürlich auch, den havarierten Kaffee entweder im rohen Zustande oder beim Rösten so zu behandeln, dass er das Aussehen von gutem Kaffee annimmt, und ihn dann für tadellose Ware zu verkaufen. Havarierter Kaffee ist solcher, welcher beim Schiffstransport mit Meerwasser in Berührung gekommen ist. Bei kurzer Einwirkung des Wassers verliert er nur seine natürliche Farbe, bei längerer wird er aber ausgelaugt, wodurch er minderwertig wird.

Auch dem gerösteten Kaffee setzt man vielfach etwas Wasser zu, um sein Gewicht zu erhöhen. Das ist natürlich zu beanstanden ebenso wie Zusätze von Tannin und gerbsäurehaltigen Flüssigkeiten, das Ölen und das Färben der gerösteten Kaffeebohnen. Die Bedeutung dieser Manipulationen ist zum Teil nicht recht ersichtlich, zum Teil beruht sie auf irrtümlichen Voraussetzungen, und nur beim Färben ist sie klar. Beim Rösten bleiben unreife Bohnen heller als reife. Um sie mit verwenden zu können, färbt man sie mit Eisenoxyd. Auch geringwertige Kaffeesorten und ungleichmäßig gefärbter Kaffee lassen sich durch das Färben verbessern, indem sie einen gleichmäßigen braunen Farbenton annehmen. Natürlich ist dies Verfahren zu verwerfen, da es auf eine Täuschung des Publikums hinausläuft. Als strafbare

Verfälschung gilt auch der Zusatz von anderen Samen oder Früchten wie Lupinen-, Erdnusssamen und Maiskörnern oder gar von künstlich hergestellten Kaffeebohnen.

Noch größer ist die Versuchung, den gemahlenen Kaffee zu verfälschen. Dabei kommen die gemahlenen Kaffeeersatzstoffe und der ausgelaugte Kaffeesatz in Betracht. Die Gegenwart des letzteren ist auf chemischem Wege durch Feststellung des Koffeingehaltes zu ermitteln. Die Ersatzstoffe lassen sich ebenso wie die Beimengungen der Samen und Früchte zu den gerösteten Kaffeebohnen am besten und schnellsten mit dem Mikroskop erkennen. Kaffee sollte man überhaupt nicht in gemahlenem Zustande kaufen, da er der Verfälschung in hohem Maße ausgesetzt ist, sein Aroma leicht verliert und einen schlechten Geschmack annimmt.

Die Kaffeesurrogate sind natürlich keine Fälschungen, sondern haben ihre volle Berechtigung, wenn sie als solche auftreten. Die Anregung, welche Friedrich der Große seinerzeit gab, hat im Laufe der Dezennien bei uns eine mächtige Surrogatindustrie ins Leben gerufen. Heute werden in Deutschland mehr Surrogate als Kaffee konsumiert. Während sich der Verbrauch an letzterem auf 182 Mill. kg beläuft, soll der Verbrauch an Surrogaten 200 Mill. kg betragen. Das Material für dieselben liefern mancherlei fleischige Wurzeln und sehr verschiedenartige Früchte und Samen, z.B. an Wurzeln: Cichorie, Mohrrübe, Zuckerrübe, Löwenzahn, Erdmandeln, Gurken und Schwarzwurzel; an Früchten oder Samen: Gerste, Malz, Feigen, Hagebutten, Johannisbrot, Eicheln, Rosskastanien, Kastanien, Gerste, Tragant, Spargel, Pfirsich-, Aprikosen- und Pflaumenkerne. Die Röstung der zweckmäßig zerkleinerten Materialien geschieht im Wesentlichen wie beim Kaffee; dabei wird der Zucker karamellisiert und Röstbitter erzeugt. Auf die Gegenwart dieser Stoffe ist der bittersüße Geschmack der Surrogate und die dunkelbraune Farbe des Aufgusses zurückzuführen. Auch diese Getränke verscheuchen das Gefühl der Nüchternheit, da sie aber frei sind von Koffein, fehlt ihnen die nervenanregende, aber auch die nervenaufregende Wirkung des Kaffees.

Bereitung des Kaffeeaufgusses. Wie allgemein bekannt, werden zur Bereitung des Getränkes die Kaffeebohnen gemahlen und mit kochendem Wasser extrahiert. Das Zerkleinern der Bohnen bezweckt, das Eindringen des Wassers zu erleichtern. Durch das Wasser soll das Koffein möglichst vollkommen den Bohnen entzogen werden; es ist deshalb nicht gleichgültig, wie man den Aufguss herstellt. Die Methode mit einfachem Kaffeetrichter und eingelegtem „Kaffeesack" ist unrationell, weil sie nur eine Erschöpfung an Alkaloid bis zu 50% gestattet. Etwas besser ist die Methode, wenn an Stelle des Kaffeesackes ein Papierfilter benutzt wird; dann beträgt die Ausbeute 60%. Übergießt man den Kaffee mit siedendem Wasser und lässt ihn bei einer dem Siedepunkte des Wassers nahekommenden Temperatur 5 Minuten ziehen, so erhält man eine Ausbeute von 85%. Aus diesem Grunde und mit Rücksicht auf ihre Einfachheit ist diese Methode für den Hausgebrauch am meisten zu empfehlen. Nun hat man auch Trichter konstruiert, mit denen eine Erschöpfung bis zu 95% möglich ist, doch scheinen sie noch nicht in den Handel gekommen zu sein.

3. Tee

Die Teepflanze stammt aus dem südlichen Asien und hat zeitig eine ausgebreitete Kultur in China gefunden. Im 12. Jahrhundert war der Teegenuss dort etwas längst Bekanntes, nach Europa ist er erst sehr viel später gelangt, und zwar um 1630 unter dem Einfluss der holländisch-ostindischen Compagnie und den Lobpreisungen holländischer Ärzte. Der Tee sollte die Lebenskraft steigern, das Gedächtnis stärken, alle seelischen Tätigkeiten erhöhen, das Blut in willkommener Weise verdünnen; ganz besonders gegen Fieber wurde er in großen Mengen verordnet. 1636 wurde der Tee in Paris bekannt und verbreitete sich dort schnell, in England war er 1700 schon allgemein verbreitet und sogar besteuert. Deutschland soll mit dem Tee durch die holländischen Ärzte des Großen Kurfürsten bekannt geworden sein. 1662 kostete in der Apotheke Nordhausens eine Handvoll Tee noch 15 Gulden, 1689 in Leipzig aber nur 4 Groschen. Nach Russland brachte eine asiatische Gesandtschaft den Tee, und in der zweiten Hälfte des 17. Jahrhunderts war er dort bereits ein allgemein verbreitetes Getränk. Die Bezeichnung stammt aus dem Chinesischen, doch lautet das Stammwort in verschiedenen Gegenden des himmlischen Reiches ungleich, wovon sich einerseits die Ausdrücke *Thea*, Tee, *thé, tea*, andererseits das russische Wort *Tschai* ableitet. In Polen ist für Tee die Bezeichnung „Herbata" gebräuchlich; sie leitet sich von dem lateinischen *herba Theae* ab.

Naturgeschichtliches. Als Tee bezeichnet man die in bestimmter Weise präparierten Blätter zweier Arten der Teepflanze, *Thea sinensis* und *Thea assamica*, und den wässerigen Aufguss dieser Blätter. *Thea assamica* ist im Himalaya, in Assam einheimisch, während *Thea sinensis* seit alters her in China und Japan kultiviert wird. Manche Forscher sind sogar der Meinung, dass es sich hier nur um eine einzige Art handelt, und dass *Thea assamica* die Stammpflanze aller Teesorten sei. Schon Linné hatte mehrere Arten unterschieden, *Thea bohea* und *Thea viridis*; jene sollte den schwarzen, diese den grünen Tee liefern. Diese Auffassung hat sich als irrig herausgestellt, auch sind die beiden angeblichen Arten nur Varietäten oder Unterarten von *Thea sinensis*. Als man mit der Teekultur in Indien die ersten Anfänge machte, pflanzte man *Thea assamica*, doch wurde sie bald durch *Thea sinensis* verdrängt. Da aber auch *Thea assamica* Vorzüge besitzt, welche der anderen Art abgehen, so hat man in Indien vielfach Kreuzungen zwischen beiden Arten gezüchtet, um die guten Eigenschaften beider in einer Form zu vereinigen, und durch Kultur unter verschiedenen klimatischen und Bodenverhältnissen im Laufe der Jahre eine große Anzahl von Varietäten hervorgerufen, die von den Pflanzern nach den Gärten bezeichnet werden, die sich mit der Anzucht von Saatmaterial befassen, in denen sie zuerst aufgetreten sind. Da sich diese Gärten in verschiedenen Höhenlagen finden, kann man heute für jede Höhenlage passende Varietäten erhalten, was natürlich für die Rentabilität einer Anpflanzung von großer Bedeutung ist.

Thea sinensis L. (Aus E n g l e r - P r a n t l, *Die natürl. Pflanzenfamilien*)
A *Blütenzweig und Fruchtzweig;* B *ein Same;* C *eine junge Keimpflanze;* D *eine junge Pflanze nach Entfernung der Keimblätter;* E *Stempel und Staubgefäße*

Der Tee gehört zur Familie der Ternströmiaceen und hat seine nächsten Verwandten unter den Kamellien. Diese jedermann bekannten Pflanzen können demnach eine ungefähre Vorstellung von der Teepflanze geben. Im wilden Zustande, z.B. in Manipur, wo sie förmliche Wälder bildet, wird sie ein Baum von 8–15m Höhe, soll sogar nahezu 30m hoch werden können. In anderen Gegenden, namentlich in China, wird sie auch ohne Beschneiden nur strauchartig, in Java und anderen rein tropischen Gegenden kann der Tee, wenn er mit Rücksicht auf die Samengewinnung nicht beschnitten wird, zu mäßig hohen Pyramiden heranwachsen. In der Kultur wird er überall strauchartig gehalten, 1–3m hoch. Die dunkelgrünen, ausdauernden Blätter stehen abwechselnd und sind kurz gestielt. Ihre Länge, Form und Spitze variiert je nach der Sorte. Der Rand ist grob gesägt. In früher Jugend sind die Blätter von einem blonden oder weißlichen seidigen Flaum bedeckt, der früh, ohne sichtbare Spuren zu hinterlassen, abfällt. Die fast geruchlosen Blüten haben einen Durchmesser von 3–3 ½cm, bestehen aus 5–6, häufig auch mehr, weißen oder rosig angehauchten Blumenblättern, einem nicht abfallenden Kelch und umschließen eine sehr große Zahl von Staubgefäßen, von denen die äußeren an der Basis zu einer Röhre verwachsen sind, während die inneren, von der Zahl der Blumenblätter, frei sind. Diese Blüten entspringen einzeln, zu zweien oder dreien, selten mehr, in den Blattachseln und sitzen auf kurzen, etwas nickenden Stielen. Aus dem dreifächerigen Fruchtknoten mit mehreren Samenanlagen in jedem Fache entwickeln sich schwachholzige, breitfächerige Kapseln, deren Fächer mit einem Längsriss aufspringen. Bei guter Ausbildung enthält jedes Fach einen großen, hellbraunen, ziemlich kugelrunden Samen, sonst können 1–2 Fächer verkümmern, sodass die Frucht nur 1–2 Samen enthält.

Arbeiter bei der Ernte in einer Teeplantage (Westjava)
(Nach G i e s e n h a g e n, Auf Java und Sumatra)

Die Blätter von *Thea sinensis* werden selten länger als 12cm, die des Assamtees 12–22cm lang. Auch sind die des letzteren meist deutlicher zugespitzt und der Textur nach dünner sowie heller grün. Die Assamteepflanze erzeugt reichlicher junge Blätter, die auch länger weich bleiben, doch ist sie nicht so abgehärtet wie der chinesische Tee und empfindlicher gegen Trockenheit und Frost. Auch zur Samenerzeugung ist sie weniger geeignet.

Verbreitung der Teekultur. Die Produktion des Tees ist in der Hauptsache heute noch auf Asien beschränkt. Zu den beiden alten Produktionsgebieten China und Japan haben sich um die Mitte des vorigen Jahrhunderts Vorderindien und in den letzten Dezennien desselben Ceylon und Java hinzugesellt. Als kleinere, aber entwicklungsfähige Produktionsgebiete gelten die Anpflanzungen in Tschakwa bei Batum im Kaukasus und in Natal an der Südgrenze der Kolonie und im Umwotidistrikt. Auf den Fidschi-Inseln, Mauritius und einigen anderen unbedeutenden Inseln wird der Tee nur zum eigenen Bedarf produziert. Eine Verbreitung der Teekultur nach anderen Gegenden liegt nicht außer dem Bereich der Möglichkeit. Gewisse Gegenden Kameruns sollen sich vermöge ihrer Bodenbeschaffenheit und der klimatischen Verhältnisse besonders gut dazu eignen. Gegenwärtig wird der Bedarf des Welthandels von China, Japan, Vorderindien, Ceylon und Java mit Madura gedeckt.

In China wird die Teekultur zwischen dem 22° und 350°n. Br. angeblich in allen Provinzen betrieben; doch kommen für den Export nur die folgenden in Betracht. Die Produktion von K w a n t u n g und K w a n g s i wird von Kanton, die von F o k i e n von Amoy und Foochow aus verschifft. Aus dem östlichen Teil der westlich von Fokien gelegenen Provinz K i a n g s i geht vielleicht gleichfalls Tee nach den zuletzt genannten beiden Hafenorten. Hauptsächlich exportiert die Provinz aus den nördlichen und westlichen Teilen und zwar über Kiukiang und Hankow, beide am Jangtse. Kiukiang dürfte auch den Tee aus der nördlich von Kiangsi gelegenen Provinz N g a n h o e i an sich ziehen. Aus der Provinz H u p e h geht der Tee über Hankow. Die Produktion der beiden Provinzen K i a n g s u und C h e k i a n g wird von Shanghai exportiert. Shanghai verschifft stets direkt, Foochow in den Monaten Mai bis September direkt, in den späteren Monaten über Hongkong; Hankow und Kiukiang am Jangtse verschiffen direkt zu Anfang der Saison, von April bis Ende Juni, später über Shanghai. Die Teeausfuhr von Kanton geht immer über Hongkong, die von Amoy teilweise.

In Japan wird der Teestrauch bis zum 43°n. Br. kultiviert; hier müssen aber die Pflanzungen im Winter vor dem Frost mit Matten geschützt werden. Die wichtigsten Kulturgebiete ziehen sich über die nach der Küste hinabfallenden niederen Hügellandschaften hin und zwar an der Ostküste bis zum 36° und an der Westküste bis zum 38°n. Br. Auf der Insel Formosa wird der Teestrauch hauptsächlich im Norden angepflanzt. Seiner Natur nach gehört der Formosa-Tee zu den chinesischen Tees. Solange Formosa zu China gehörte, wurde der Tee, welcher fast ausschließlich

nach Amerika geht, über Amoy verschifft. Jetzt geht er mit Rücksicht auf die Zoll-verhältnisse nach Japan zur Weiterverschiffung.

In Vorder-Indien wird Tee in den Provinzen Assam, Bengalen, Punjab, den Nord-westprovinzen und in Madras, auf Ceylon hauptsächlich im Zentrum und in dem südwestlichen Teil der Insel gebaut.

Auf Java ist der Hauptsitz der Teekultur die Provinz „Preanger Regentschaften". Dann folgen die Provinzen Batavia, Bagelen, Cheribon und Bantam.

Wachstumsbedingungen. Innerhalb so weiter Grenzen wie zwischen dem 30°s. Br. und dem 43°n. Br. ist deshalb die Teekultur möglich, weil die Pflanze sich in weitem Maße an die Temperaturverhältnisse anzupassen vermag. Aus dem-selben Grunde ist die Teekultur unter den Tropen bis zu beträchtlichen Höhen zu betreiben. Je weiter man sich von den Tropen entfernt, umso niedriger bleiben natürlich die Erhebungen, bei denen Teekultur noch rentiert. Im Himalaya liegen die höchsten Teegärten in der Nähe der Stadt Darjeeling in einer Höhe von nahezu 2200m, über 2250m dürfte aber auch hier die Teekultur nicht mehr lohnend sein, während sie auf Ceylon noch bis zu 2500m mit Erfolg betrieben werden kann.

Das aus verschiedenen Höhenlagen gewonnene Produkt ist nicht gleichwer-tig. Quantität und Qualität gehen auch beim Tee nicht Hand in Hand. Die größ-ten Erträge werden im tropischen Tieflande und in mäßigen Erhebungen erzielt; gleichzeitig ist das Produkt besonders kräftig. In mittleren und höheren Lagen werden geringere Mengen geerntet, das Produkt ist, wenn auch weniger kräftig, doch aromatischer. Die höchsten Lagen liefern den aromatischsten Tee. Diese all-gemeine Regel erleidet natürlich auch Ausnahmen. So gibt es in Ostindien in gerin-gerer Erhebung viele Pflanzungen, welche stets einen vorzüglichen, sehr begehrten Tee auf den Markt bringen; es darf eben nicht vergessen werden, dass die Höhen-lage nicht der einzige ausschlaggebende Faktor ist, sondern dass auch die kultivierte Varietät und vor allen Dingen die Sorgfalt bei der Aufbereitung der Ernte für die Güte des Produktes erheblich ins Gewicht fallen.

Die weite Verbreitung der Teekultur nach Norden und Süden und an den Bergen unter den Tropen aufwärts beweist, dass die Teepflanze hinsichtlich der Wärmever-hältnisse nicht sehr anspruchsvoll ist, sie kann sogar Temperaturen unter Null ver-tragen, allerdings sollen dieselben nicht längere Zeit anhalten und 3–4 Grad nicht übersteigen. Viel anspruchsvoller ist sie in Bezug auf die Feuchtigkeitsverhältnisse. Die Niederschläge sollen im Mittel 2000mm betragen, mehr ist nur vorteilhaft, sie sollen sich auch möglichst gleichmäßig über das ganze Jahr verteilen. Mit dieser Wassermenge ist es allein nicht getan, denn sie könnte allenfalls durch künstliche Bewässerung ersetzt werden. Sehr wichtig ist ausreichende Luftfeuchtigkeit. Des-halb ist das Inselklima Ceylons und Javas besonders für die Teekultur geeignet. Man bevorzugt bei der Kultur sanft geneigte Hügel oder bergige Terrains, wo stehendes Grundwasser, das die Pflanze schädigt, ausgeschlossen ist.

Die Teepflanze beansprucht ein reichliches Maß Sonnenlicht, Schatten kann sie nicht vertragen, nur die ganz jungen Pflänzchen müssen entsprechend schattiert werden. Man zieht die östlichen und südöstlichen Lagen in den Tropen mit Rücksicht hierauf vor, da die späteren Tagesstunden durch Nebel und Regen weniger sonnig sind. Finden sich in den Plantagen Bäume, so sollen sie nicht Schatten spenden, sondern als Windbrecher dienen, auch als Brennholz bei der Herstellung des Tees Verwendung finden.

Da die Teepflanze eine lange Pfahlwurzel bildet, muss der Boden genügend tiefgründig sein; sie gedeiht auf allen normalen Böden, welche dieser Forderung genügen. Untauglich sind ganz leichte Sandböden, weil sie das Wasser nicht halten, und steifer Ton, weil die Durchlüftung des Bodens nicht genügt. Auch alkalische und saure Böden verträgt der Tee nicht. Als besonders geeigneter Teeboden gilt milder humoser Lehm. Da die Ansprüche des Tees an den Boden im Wesentlichen dieselben sind wie die der Wälder, eignet sich Waldland besonders gut zur Anlage von Teeplantagen.

An den Nährstoffgehalt des Bodens stellt der Teestrauch keine hohen Anforderungen; er kann auf sehr armen Böden gedeihen. Auch hat man im Allgemeinen noch keine Erschöpfung der Teeböden beobachtet, wenigstens in den tropischen Gebieten, welche dem beobachtenden und forschenden Europäer zugänglicher sind als China und Japan. Im Gegenteil, die Erträge sind im Allgemeinen noch gewachsen, was zunächst sehr überraschen muss, wenn man berücksichtigt, dass man mit einer Durchschnittsernte von 500kg Tee vom Hektar demselben 60kg Nährstoffe entzieht. Man hat aber im Laufe der Jahre gelernt, den Teestrauch rationeller zu behandeln und dadurch größere Erträge herauszuwirtschaften. Dass aber auch jetzt schon der Tee für Düngung, namentlich reichliche Stickstoffzufuhr dankbar ist, haben Versuche erwiesen.

Kultur des Teestrauches. Die Vermehrung ist mit Erfolg nur durch Aussaat möglich. Die Samen werden entweder in Saatbeete oder direkt an den definitiven Standort in der Plantage ausgelegt. Im Allgemeinen wird der erstere Modus vorgezogen. Haben die Pflanzen in den Saatbeeten eine Höhe von 20–40cm erreicht, was in den Tropen nach 5–7 Monaten der Fall ist, so werden sie dort, wo ein ausgesprochener Wechsel zwischen Regen- und Trockenzeit vorhanden ist, zu Anfang der Regenzeit ausgepflanzt.

Die eingerichtete Plantage verlangt dauernd sorgfältige Pflege. Die Pflanzen, welche nicht angekommen sind, müssen durch neue ersetzt werden. Der Boden muss von Unkraut freigehalten werden; ein häufiges Jäten ist deshalb erforderlich. Ist die Plantage erst so weit herangewachsen, dass die Blätter geerntet werden können, soll der Boden einmal jährlich umgehackt werden, da er durch die Pflücker festgetreten wird, eine gute Durchlüftung aber sehr vorteilhaft für die Pflanzen ist. Die Hauptarbeit aber erfordert das Beschneiden der Sträucher, was mit der nötigen

Sachkenntnis und mit großer Sorgfalt geschehen muss, da hiervon in hohem Maße der Ertrag der Ernte abhängt. Durch wiederholtes Zurückschneiden auf ½m in den ersten Jahren gelingt es in Vorderindien und auf Ceylon, Sträucher zu erziehen, welche die Höhe von 1–1 ¼m nicht überschreiten. Ein gut gezogener Teestrauch soll oben flach oder etwas gewölbt sein, bei einem Durchmesser von ½–¼m. Es müssen ferner das ungesunde Holz und so viel Zweige herausgeschnitten werden, dass sich genügend neue Triebe entwickeln können. Man zieht die Teepflanze als niedrigen Strauch, um die Aberntung zu erleichtern und um möglichst viele Blätter zu erzielen. Für die Samenzucht lässt man die Bäume wachsen und beschneidet nur in der Weise und aus denselben Gesichtspunkten wie bei uns die Obstbäume.

Die Kultur des Teestrauches dürfte in China und Japan im Wesentlichen dieselbe sein, wie sie hier für Indien geschildert wurde.

E r n t e . Mit dem Pflücken der Blätter kann im zweiten Jahre begonnen werden, doch ist dann die Ernte noch gering. Auch später muss sich das Pflücken immer in solchen Grenzen halten, dass das gute Gedeihen der Sträucher nicht darunter leidet und hohe Ernten auf die Dauer gesichert sind. In China und Japan erntet man im Laufe eines Jahres vier- bis fünfmal. In dem gleichmäßigeren Tropenklima Ceylons und Javas ist man überhaupt nicht an bestimmte Erntezeiten gebunden, doch bringen der Wechsel von Regen- und Trockenzeit und das Beschneiden von selbst längere Pausen. Beim Assamtee wird in Zwischenräumen von 7–10, resp. von 10–15 Tagen, beim chinesischen Tee in Zwischenräumen von 30–40 Tagen geerntet. Der Ertrag eines Hektar beläuft sich im zweiten und dritten Jahre durchschnittlich auf 150–170kg, in den folgenden Jahren auf 300, später auf 600–700kg fertigen Tees.

Zur Herstellung des Tees eignen sich die älteren ausgewachsenen Blätter nicht; je jugendlicher die Blätter sind, umso schöner wird der Tee, umso feiner ist die Qualität. Mit dem gewaltigen Anwachsen der Produktion in Indien ist man mehr und mehr dazu übergegangen, möglichst feine Qualitäten herzustellen, sich also darauf zu beschränken, die allerjüngsten Blätter zu pflücken. In Vorderindien und Ceylon sollen außer der Knospe, welche den Zweig abschließt, die beiden jüngsten Blätter, eventuell noch das dritte Blatt, gepflückt werden. Früher wurden auch noch das vierte und fünfte Blatt mit gepflückt, welche dann gröbere Qualitäten liefern. Es werden nicht die einzelnen Blätter allein, was viel zu mühsam wäre und zu kostspielig werden würde, sondern es wird der Abschnitt des saftigen Stengels, an welchem die Blätter sitzen, abgepflückt und mitverarbeitet. Soll nur die Knospe mit dem ersten Blatte abgepflückt werden, so wird der Stengel unter dem ersten Blatte, soll auch das zweite Blatt mit abgepflückt werden, so wird er unter dem zweiten Blatte abgebrochen. Vielfach verfährt man auch so, dass man von dem jeweils ältesten Blatte, welches man pflücken will, den untersten Teil stehen lässt, das Blatt also etwa in 1/3 Höhe von unten abbricht. Das Pflücken muss natürlich mit großer Sorgfalt ausgeführt werden und setzt Übung voraus.

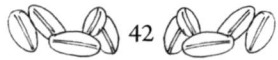

Durch Umbiegen nach der Seite werden der Stengel und die Blätter abgebrochen. Jeder Pflücker – in der Regel sind es Frauen und Kinder – trägt einen kleinen Korb umgehängt, in den die gepflückten Blätter gelegt werden. Ist er gefüllt, wird er in einen größeren Korb, der am Rande des nächsten Weges steht, ausgeleert. Die gefüllten Körbe werden gegen Entlohnung am Fabrikgebäude in Empfang genommen.

E r n t e b e r e i t u n g . Die Herstellung des Tees aus diesem geernteten Material ist ein komplizierter Vorgang, der viel Aufmerksamkeit erfordert, da von der Sorgfalt, mit welcher er ausgeführt wird, zum großen Teil die Güte der Ware abhängt. Das Verfahren hat sich bei den Chinesen empirisch herausgebildet. Als man die Teekultur in Indien einführte, war man auf sie als Lehrmeister angewiesen; anfänglich arbeitete man auch nach ihren Methoden, doch stellte sich bald heraus, dass wenn die Teeproduktion hier gedeihen sollte, man von dem primitiven und ausschließlich auf Handarbeit beruhenden Verfahren, das auf kleine Betriebe zugeschnitten war, zur Maschinentätigkeit übergehen musste, was wiederum eine Vereinfachung des ganzen Verfahrens bedingte. Bei den Chinesen sind zur Herstellung des Tees nicht weniger als 12 Operationen erforderlich: 1. Welken der Teeblätter; 2. Erstes Rollen; 3. Zweites Rollen; 4. Fermentieren; 5. Erstes Rösten; 6. Drittes Rollen; 7. Zweites Rösten; 8. Viertes Rollen; 9. Sonnen; 10. Erstes Trocknen; 11. Abkühlen und Reiben mit den Händen; 12. Zweites Trocknen. Diese 12 Operationen sind in Indien auf die folgenden 4 beschränkt worden: Welken, Rollen, Fermentieren und Trocknen.

Durch das Welken sollen die frischen Teeblätter so viel Feuchtigkeit abgeben, dass sie ihre Straffheit und Sprödigkeit einbüßen, um sich, ohne zu brechen, rollen zu lassen. Das Rollen bezweckt ein Zerreißen der Zellwände, wodurch der Zutritt des Sauerstoffes zum Zellsaft erleichtert wird. Das Fermentieren soll der Hauptsache nach ein Oxydationsprozess sein, bei dem bestimmte Stoffe zerstört werden. Hierdurch ändert sich die Farbe der Blätter und wird das charakteristische Aroma des Tees hervorgerufen. Das Trocknen unterbricht die durch das Fermentieren eingeleiteten chemischen Vorgänge, wenn der richtige Grad erreicht ist, und macht das Produkt haltbar.

Ursprünglich hat man das Welken in der Sonne vorgenommen; doch hat das seine Übelstände, da es sehr ungleichmäßig erfolgt und man an Regentagen überhaupt nicht welken kann. Man bedient sich deshalb jetzt besonderer Welkräume mit leicht zu öffnenden Fenstern, um Luft und Licht eindringen lassen zu können. Die Räume sind mit langen, durch schmale Gänge voneinander getrennten, etwa 3m hohen Regalen angefüllt. Auf ihnen liegen in 20cm Entfernung übereinander Holzrahmen, welche mit Jute- oder starkem Baumwollenstoff bespannt sind. Hierauf werden die Teeblätter in dünnen Lagen geschichtet. In neuerer Zeit verwendet man an Stelle der Stoffe auch Drahtgeflecht, weil dann die Luft von unten leichter hinzutreten kann, wodurch die Masse gleichmäßiger welkt. Das Welken soll bei einer Temperatur von 25–35°C erfolgen; man beschleunigt es wohl auch durch Zuleiten von trockener Luft.

Einlieferung und Wiegen der gepflückten Teeblätter (Ceylon)
(Nach Tschirch, Indische Heil- und Nutzpflanzen)

Welken der Teeblätter (Ceylon)
(Nach Tschirch, Indische Heil- und Nutzpflanzen)

 44

Maschinen zum Rollen des Tees (Ceylon)
(Nach T s c h i r c h *, Indische Heil- und Nutzpflanzen)*

Wenn der richtige Grad des Welkens erreicht ist, werden die Blätter s o f o r t gerollt. Das geschieht mit Maschinen, den sogenannten Teerollern, welche nach folgendem Prinzip gebaut sind: Ein weiter, zur Aufnahme der Teeblätter bestimmter Kasten wird auf einer mit Querleisten versehenen Tischplatte, welche zugleich auf der Unterseite den Abschluss des Kastens bildet, im Kreise umhergeführt. Die Tischplatte kann feststehen oder sich in entgegengesetzter Richtung bewegen. Der Deckel des Kastens wird durch eine besondere Vorrichtung auf die Teeblätter gepresst, und so werden sie unter diesem Druck bei der kreisenden Bewegung des Kastens auf dem Tisch gleichmäßig gerollt. Anfänglich wird Saft aus den Blättern ausgepresst, der beim fortgesetzten Rollen wieder aufgesogen wird. Das Rollen ist vollendet, wenn die im Beginn seifig gewordenen Blätter sich nicht mehr seifig anfühlen und wieder etwas trocken werden. Durch das Rollen erwärmen sich die Blätter; die Temperatursteigerung darf aber nicht so bedeutend werden, dass der Fermentierungsprozess bereits einsetzt. Wenn das zu befürchten ist, muss die Masse auseinandergenommen und das Rollen nach ihrer Abkühlung fortgesetzt werden. Vielfach siebt man auch die beim Rollen abgebrochenen Knospen ab, ehe man das Rollen fortsetzt, da sie nicht so lange gerollt zu werden brauchen wie die Blätter. Durchschnittlich nach 20–30 Minuten ist das Rollen beendet und der Roller kann von neuem beschickt werden. Die Menge der während dieses Zeitraums gerollten Blätter hängt von der Größe des Apparates ab. Kleinere Apparate rollen auf einmal 15–20kg, größere 130kg gewellte Blätter. Die Maschinen können sowohl mit der Hand wie mit Kraft betrieben werden. Durch den Teeroller werden die Blätter viel gleichmäßiger gerollt als mit der Hand.

An das Rollen schließt sich sogleich das Fermentieren bei einer Temperatur von 35–40°C an. Je nach den Witterungsverhältnissen breitet man den gerollten Tee in Schichten von 10–15cm Höhe auf Tischen aus, in sehr warmen Distrikten wohl auch in dünnen Lagen auf einem Zementflur. Man bedeckt die Blätter mit Tüchern; falls die Temperatur des Fermentationshauses an sich hoch ist oder der Tee droht, sich zu stark zu erhitzen, muss man die Tücher nass machen. Um ein gleichmäßiges Produkt zu erzielen, müssen die Blätter häufiger gewendet werden. Steigt die Temperatur über 42°C, so besteht die Gefahr, dass eine durch Bakterien hervorgerufene Buttersäurebildung auftritt, welche dem Tee einen unangenehmen Beigeschmack verleihen würde. Bei richtig geleiteter Fermentation machen sich die eintretenden Veränderungen durch einen Farbenwechsel der Blätter bemerkbar; sie werden gelb bis gelbbraun, und der Vorgang kann als vollendet gelten, wenn sie kupferrot geworden sind, d.h. die Farbe einer etwas angelaufenen Kupfermünze angenommen haben.

Fermentieren des Tees (Ceylon)
(Nach T s c h i r c h *, Indische Heil- und Nutzpflanzen)*

Je nach den klimatischen und Witterungsverhältnissen ist die Fermentation in 2 bis 8 Stunden vollendet. Der Tee muss nun „gefeuert" oder „getrocknet" werden. Nach dem primitiven chinesischen Verfahren geschieht das in einfachen, besonders dafür erbauten Öfen über einem Feuer von Holzkohlen. Man muss diese wählen, da sie

keine Dämpfe und Gase erzeugen, welche dem Tee einen unliebsamen Geruch oder Geschmack verleihen. In Indien sind wohl ausschließlich maschinelle Trockenvorrichtungen im Gebrauch, bei denen das Trocknen durch erwärmte Luft geschieht. Derartige Trockenapparate sind so konstruiert, dass sie ohne Unterbrechung arbeiten, dass man an dem einen Ende den fermentierten Tee hineinfüllt und am anderen den getrockneten herausnimmt. Es gibt verschiedene Konstruktionen. Manche arbeiten vollkommen automatisch. Die einzigen Handreichungen sind das Einfüllen des fermentierten und die Beseitigung des getrockneten Tees. Andere Apparate verlangen noch eine besondere Bedienung. Auch werden die Apparate in verschiedenen Größen ausgeführt. Es gibt Apparate, welche 30–40, andere, welche bis zu 120kg trockenen Tees in der Stunde liefern. Das Trocknen muss bei hohen Temperaturen erfolgen, bei 80–125°C. An manchen Orten wärmt man die Blätter vor, oder man beginnt das Trocknen mit geringerer Temperatur, um sie allmählich zu steigern. Da unter diesen Umständen die Fermentation noch andauert, so muss der Fermentierungsprozess etwas eher abgebrochen werden. Durch das Trocknen hat sich am Tee wiederum eine äußerlich wahrnehmbare Veränderung vollzogen. Die Kupferfarbe ist einer schwarzen Farbe gewichen, und deshalb heißt der so bereitete Tee „schwarzer Tee". Bei den feinsten Sorten haben die Blätter ein graues oder silbergraues Aussehen, das jedoch nicht von der Herstellungsweise, sondern von dem oben erwähnten Haarkleid herrührt, welches den jugendlichen Blättern eigen ist.

Auslesen des Tees duch Frauen (auf Java)
(Nach T s c h i r c h, *Indische Heil- und Nutzpflanzen)*

Der getrocknete Tee wandert in die Sortierräume, wo Frauen mit der Hand alle gröberen Verunreinigungen wie Steinchen, Raupen, Insekten, Holz-, Stengel-, Rindenstückchen usw. mit der Hand auslesen. Dann wird er auf durch Maschinen bewegte Rüttel- und Drehsiebe gebracht, um vom Staub befreit zu werden. Der reine Tee wird nach der Größe der Blätter mittels Sieben sortiert. In neuerer Zeit hat man angefangen, die aus größeren Blättern bestehenden Sorten in besonderen Maschinen zu brechen (*Broken Tea*).

Der sortierte Tee wird auf Aussehen und Geschmack geprüft und verpackt, wenn er diese Probe bestanden hat, sonst geht er zur nochmaligen Behandlung zurück. Die Beurteilung des Tees ist eine sehr schwierige, setzt große Sachkenntnis und einen feinen Geschmack voraus. Und da diese Gesichtspunkte auch beim Einkauf und Verkauf maßgebend sind, so haben die Handelshäuser, welche sich in den teeproduzierenden Ländern mit dem Einkauf von Tee befassen, besondere „tea-taster" angestellt.

Im Vordergrund welkende Teeblätter auf Bambustellern. Im Hintergrund links Kisten mit Tee. In der Mitte der tea-taster. Auf dem Tisch Tassen. (Nach Koloniaal Museum te Haarlem Afbeeldingen)

Der Tee wird in mit Bleifolie ausgekleideten Kisten verpackt, sowohl in Indien wie in China und Japan, nur sind die Abmessungen verschieden. Aus China kommen ganze Kisten aber nicht viel, ½ und ¼ Kisten, ferner Kistchen, alles mit dem bekannten bunten Papier, auf dem chinesische Schriftzeichen aufgedruckt sind, beklebt. Die Kisten enthalten netto 1 *picul* (= 60kg), die ½ Kiste 50 *cattees* (= 30kg), die ¼ Kiste 25 *cattees*. Die Kistchen fassen 10 und 5 *cattees*. Die 1, ½ und ¼ Kisten werden einzeln versandt oder von den letzteren je 4 zusammen; von den 10 *cattees*-Kistchen werden gewöhnlich 4, von den 5 *cattees*-Kistchen 8 Stück zusammengepackt. Die

Kolli sind in Matten eingenäht und mit Rotang zusammengebunden. Diese Verpackung erhält der Tee erst in den Hafenplätzen. Auf Java verpackt man in Kmartkisten, welche 40kg enthalten, ferner in 1/8, 1/16 und 1/32 Kisten, welche 22 ½, 12 ½ und 5kg Inhalt haben. Die Kisten werden mit dem Namen der Teesorte, der Marke der Pflanzung, einer Nummer und meist auch mit Tara-, Brutto- und Nettogewicht versehen. Die geschilderte Verpackungsweise bezieht sich lediglich auf den überseeischen Transport, und dabei ist es gleichgültig, ob es sich um schwarzen oder grünen Tee handelt.

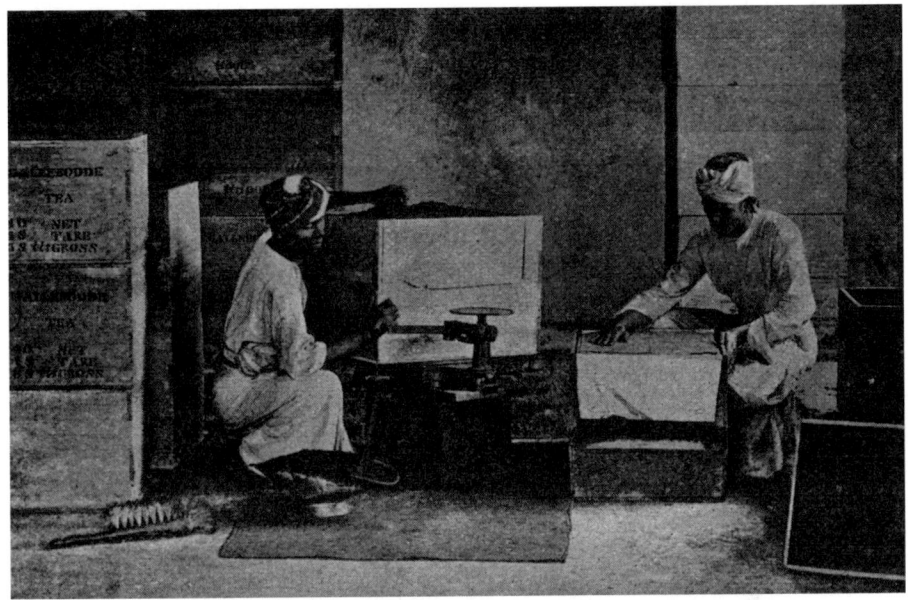

Abwiegen und Verpacken des fertigen Tees (Ceylon)
(Nach Ts c h i r c h *, Indische Heil- und Nutzpflanzen)*

Der grüne Tee stammt nicht, wie z.B. Linné annahm, von einer besonderen Art der Teepflanze, sondern aus denselben Blättern kann man sowohl schwarzen wie grünen Tee herstellen, wenn sich vielleicht auch die verschiedenen Varietäten ungleich gut dazu eignen. Der Unterschied liegt also im Wesentlichen in der Herstellungsweise. Um grünen Tee zu gewinnen, werden die gepflückten Blätter sofort bei größerer Wärme getötet, da dann die grüne Farbe erhalten bleibt. In China sind zwei Verfahren im Gebrauch. Nach dem einen legt man die Blätter auf Horden aus Bambusstäbchen, legt mehrere Horden übereinander in eine Kiste mit durchlöchertem Boden und stellt sie auf einen Kessel mit kochendem Wasser. Durch die aufsteigenden Wasserdämpfe werden die Blätter getötet, die grüne Farbe bleibt aber erhalten. Nach dem anderen Verfahren wirft man die Blätter in tiefe, zur Rotglut erhitzte

Pfannen und rührt sie beständig um. Die knisternden Blätter strömen Dampf aus, der wegen der Tiefe der Pfanne nicht schnell entweichen kann; die Blätter werden gleichsam in ihrem eigenen Safte gedämpft. Die so vorbereiteten Blätter werden gerollt und gefeuert wie beim schwarzen Tee. Die beiden Bereitungsweisen unterscheiden sich also hauptsächlich in einem Punkte. Der schwarze Tee macht eine Fermentation durch, der grüne nicht; damit fallen alle die chemischen Veränderungen in den Blättern weg, welche beim schwarzen Tee angestrebt werden. Bei der Fermentation soll auch ein Teil des Koffeins zerstört werden, dadurch ist der schwarze Tee weniger aufregend als der grüne. Die Produktion des grünen Tees ist besonders in China und Japan heimisch, tritt in Britisch- und Holländisch-Indien stark zurück, erfolgt aber auch hier nach denselben Prinzipien wie in China.

Verschicken der fertigen Teekisten (auf Java)
(Nach T s c h i r c h *, Indische Heil- und Nutzpflanzen)*

H a n d e l s s o r t e n . Grüner und schwarzer Tee werden im Handel zunächst nach der Herkunft weiter unterschieden; man teilt ihn ein nach den fünf Produktionsgebieten: China, Japan, Indien, Ceylon und Java. In jedem Produktionsgebiet teilt man den Tee weiter ein in eine kleinere oder größere Zahl von Sorten.

Der grüne Tee Chinas wird nach der Gegend, aus welcher er stammt, in die fünf Hauptsorten: Moyune, Teenkay, Fychow, Hunyong und Pingsuey eingeteilt. Nur die letzte Sorte wird gefärbt, doch ist der Farbezusatz ganz minimal. Auch verliert diese Sorte von Jahr zu Jahr an Bedeutung.

Nach Alter, Größe und Behandlung der Blätter und nach der Zeit der Ernte werden die Hauptsorten in folgende Untersorten geteilt: Gunpowders, Imperials, Young Hyssons, Hysons und Twankays. Der Name Gunpowder rührt von der kleinen festgerollten Form der Blätter her. Die Chinesen nennen sie Chootscha-Perltee. Imperial oder Big Gunpowder bei den Chinesen besteht aus etwas größeren und gröberen Blättern. Die Europäer und Nordamerikaner nennen diese Sorte deshalb Imperial, weil sie vorzugsweise im kaiserlichen Hofhalt, bei den Mandarinen und den reichen Chinesen Verwendung findet. Der echte kaiserliche Tee kann nicht exportiert werden, weil er die Seereise nicht verträgt; dieser heißt auch „Blütentee", weil er der vollkommenste Tee, die Blüte des Tees, ist. Die Blüten des Teestrauchs werden nicht und können nicht zur Teebereitung verwandt werden. Young Hyson unterscheidet sich von Gunpowder und Imperial nur durch die Form der zubereiteten Blätter; ihrer Zartheit wegen sind sie nur gekräuselt und nicht gerollt. Hylon verhält sich zu Young Hyson wie Imperial zu Gunpowder. Hyson und Young Hyson sind Verstümmelungen von Tsien und Yu-tsien; jenes bedeutet „blühender Frühling", dies „Beginn des Frühlings". Young Hyson wird gepflückt, ehe die Regenschauer einzusetzen pflegen, Hyson, wenn der Frühling seine Herrschaft voll angetreten hat. Das Wort Twankay ist die chinesische Bezeichnung für Ausschusstee, er besteht aus den Abfällen und Überbleibseln der übrigen Sorten.

Der schwarze Tee Chinas wird eingeteilt in 1. Gongous, 2. Souchongs, 3. Oolongs und Pouchongs, 4. Flowery Pekoes, 5. Scented Orange Pekoes. Die Unterschiede hängen ab von dem Alter der Blätter, der Zeit ihrer Ernte und von der Behandlung der Blätter. Je wertvoller eine Sorte ist, mit umso größerer Sorgfalt wird sie bereitet. Auf den im Lande selbst konsumierten Tee wird, namentlich hinsichtlich der billigen Sorten, wenig Arbeit und Mühe verwandt; infolgedessen hält er sich auch nicht lange.

Die Blätter der Congous sind entweder mehr schwarz oder mehr rot, und nach dieser Färbung werden die Congous zunächst in zwei Hauptgruppen: Blackleaf und Redleaf eingeteilt. Die ersteren kommen von Hankow, die letzteren von Foochow. Nach den Distrikten, aus welchen der Tee stammt, wird jede Hauptgruppe in eine größere Zahl von Untersorten gegliedert.

Die Bezeichnung Souchong soll sich von dem chinesischen Worte Saow-Cheong, „kleine oder seltene Sorte", ableiten. Zu ihrer Bereitung sollen vorzugsweise kleine Blätter der zweiten Ernte benutzt werden. Die Souchongs kommen nur von Foochow. Richtige Souchongs stammen lediglich aus dem Sin Chune-Distrikt, doch fabrizieren auch die Distrikte Panyong, Chingwo, Saryune und Kienyong und Socksakai brauchbare Substitute.

Pouchong und Oolong entstehen durch etwas abweichende Behandlung; sie werden weniger stark und mit Luftzutritt gefeuert. Die Farbe dieser Sorten ist nicht schwarz, sondern gelb-grünlich.

Flowery Pekoe, die kostspieligste Sorte, besteht aus den Blattknospen. Die Bezeichnung Pekoe soll von dem chinesischen Worte Pak-ho, „weiße Daunen", herrühren. Die Blätter erscheinen durch ihren Haarbesatz weißlich. Je nach den Distrikten, aus denen die Sorte stammt, unterscheidet man Foochow-, Chingwo-, Panyong-Flowery Pekoe.

Scented Orange Pekoes werden unterschieden in Canton's, langblätterige, und Foochow's, kleinblätterige Orange Pekoes. Das Aroma erhält der Tee durch Beimischung von Blumenblättern der Mohlu Hua, des Jasmins, während der Feuerung. Diese Blätter werden später wieder abgesiebt.

Neben dem schwarzen und grünen Tee exportiert China noch Staub-, Ziegel- und Tafeltee. Der Staubtee ist der beim Sieben des Tees abfallende Staub. Als Ziegel- und Tafeltee kommen in die Form von Ziegeln und Tafeln gepresste Teeabfälle in den Handel. Nach Erdmann-König's Grundriss der allgemeinen Warenkunde „geben die beim Scheren der Bäume gewonnenen Fragmente, der Staub vom schwarzen Tee und andere Abfälle den Rohstoff für Ziegeltee oder Backsteintee. Die Abfälle werden heißen Dämpfen ausgesetzt, dann in Formen gepresst und an der Luft ohne direktes Sonnenlicht und ohne künstliche Wärme getrocknet. Man unterscheidet große grüne Ziegel von schlechterer Sorte, kleine grüne Ziegel von besserer Sorte und kleine schwarze Ziegel von gutem Teestaub"[6] Die größte Bedeutung hat der Ziegeltee für Sibirien und Zentralasien. In der Mongolei soll er das Geld vertreten und sollen die chinesischen Soldaten ihren Lohn in Ziegeln ausbezahlt erhalten. Sie werden in Papier geschlagen, sind teils kleiner, teils größer als unsere Backsteinziegel; auch wird Ziegeltee in der Form von Scheiten hergestellt. Für den Transport wird eine größere Zahl Ziegel zusammengepackt und zwar schwankt die Zahl zwischen 27 und 110. Ebenso wird vom Tafeltee eine größere Zahl Tafeln zusammengepackt: 504, 432 und 408. Ursprünglich wurde der Ziegel- und Tafeltee auf dem Karawanenwege nach Innerasien und über Sibirien nach Russland exportiert. Und wenn auch heute noch die Hauptmasse des Ziegeltees diesen Weg einschlägt, so werden doch auch erhebliche Mengen zur See versandt. China exportierte 1904:

Schwarzen Tee	99 872 900 lbs
Grünen Tee	32 152 800 lbs
Ziegeltee	59 692 600 lbs
Tafeltee	600 700 lbs
Staubtee	1 180 800 lbs
	193 499 800 lbs

6   13. Aufl. 1901, S. 309.

Hiervon machen der Ziegeltee 30,8%, der Tafel- und Staubtee 1% aus. Die beiden Hauptabnehmer des chinesischen Tees, Russland und Großbritannien, bezogen davon folgende Sorten und Mengen im direkten Verkehr:

	Russland über		
	Odessa	Kiatcha	Großbritannien
Schwarzen Tee	1 989 300 lbs	5 298 800 lbs	33 587 300 lbs
Grünen Tee	7 108 300 lbs	–	3 974 300 lbs
Ziegeltee	3 403 900 lbs	37 597 000 lbs	10 750 100 lbs
Tafeltee	87 800 lbs	507 600 lbs	–
Staubtee	4 200 lbs	221 100 lbs	636 300 lbs
	12 593 500 lbs	43 624 500 lbs	48 948 000 lbs

Japans feinste Teesorten werden in den Distrikten Uji, Kioto und Ogura der Provinz Yamaschiro erzeugt. Die an diese Provinz angrenzenden Distrikte Omi und Tamba bringen viel größere Mengen, aber einen Tee von beträchtlich geringerer Qualität hervor. Im Handel ist folgende Einteilung im Gebrauch: Pan-fired, Basket-fired, Sun-dried, Dolongs, Congous. Die beiden letzteren Sorten sind nach derselben Methode wie die entsprechenden chinesischen hergestellt, aber mit wenig Erfolg. Die drei ersten Sorten sind grüner Tee. Die Sorte Basket-fired wird nach der ursprünglichen japanischen Darstellungsweise gewonnen, nach welcher das Trocknen in oben und unten offenen Bambuskörben mit durchlöchertem Boden unmittelbar über einem Kohlenfeuer geschieht. Um dies Produkt zu verbessern, führte man die chinesische Bereitungsweise, das Rösten in der Pfanne, ein, und die so hergestellte Sorte wird als Pan-fired bezeichnet. Bei der Sorte Sun-dried wird gleichfalls in Körben geröstet, aber man trocknet die Blätter vorher an der Sonne, wobei sie eine Gärung durchmachen. Der für Basket-fired charakteristische grasige Geschmack wird dadurch in einen Röstgeschmack umgewandelt.

Gelegentlich werden auch Gunpowder und Imperials hergestellt. Ferner hat man sich an Pekoe versucht, aber mit schlechtem Erfolge.

Soweit von Japan Tee exportiert wird, handelt es sich wesentlich um grünen Tee.

Über den Teeaufguss wird angegeben, dass der japanische Tee im Allgemeinen einen delikaten, reichen und eigentümlichen Geschmack besitze. Trotz der Hellfarbigkeit des Aufgusses und des delikaten Aromas soll er stark sein. Der Tee hält sich aber nur ein Jahr lang in gleicher Güte, dann wird der Aufguss dunkelfarbig und nimmt einen fischigen oder mehligen Geschmack an. Ob dies Urteil sich auf alle oder nur auf bestimmte japanische Teesorten bezieht, ist nicht ersichtlich.

Der Tee aus Indien, Ceylon und Java zeigt viel Übereinstimmendes, wie nach der Gleichartigkeit der Kultur und Erntebereitung zu erwarten ist. Gegenüber dem chinesischen Tee zeichnet er sich durch viel größere Gleichmäßigkeit und bessere

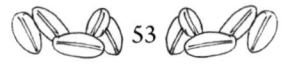

Mache aus, wie das der Maschinenbetrieb mit sich bringt. Allerdings sind Indien, Ceylon und Java durch die klimatischen Verhältnisse begünstigt, sodass die einzelnen Pflückungen hinsichtlich der Qualität der Blätter viel gleichmäßiger ausfallen, man sich infolgedessen auf weniger Sorten beschränken kann. Die Sorten aus diesen Ländern sind durchgängig durch sehr starkes Aroma ausgezeichnet; ihr Geschmack ist stark und fast zu prickelnd; es fehlt ihnen die Milde des chinesischen Tees. Deshalb eignen sie sich besonders zu Mischungen mit den schwacharomatischen leichten chinesischen Teesorten. Übrigens hat man sich in England und Holland, seitdem sich in den eigenen Kolonien der Teebau entwickelt hat, daran gewöhnt, die indischen Sorten auch unvermischt zu genießen. Großbritannien deckt den größeren Teil seines Bedarfs an Tee aus seinen Kolonien, wie aus der Ausfuhr derselben hervorgeht. Im Jahre 1904 exportierten Britisch-Indien und Ceylon nach den folgenden Ländern:

	Britisch-Indien	Ceylon
Großbritannien	176 781 080 lbs	97 267 487 lbs
Australien	7 269 468 lbs	16 217 490 lbs
Kanada	7 579 323 lbs	6 062 849 lbs
Andere Britische Kolonien	1 765 681[7] lbs	4 654 259 lbs
Russland (Europa, Asien)	4 558 982 lbs	10 152 439 lbs
Persien	2 171 252 lbs	–
Türkei (Europa, Asien)	3 663 204[8] lbs	–
China	5 703 778 lbs	4 775 270 lbs
Vereinigte Staaten v. N.-A.	1 526 920 lbs	6 926 010 lbs
Andere Staaten	8 176 478 lbs	2 197 191 lbs
Britisch-Indien	–	470 112 lbs
Hongkong	–	504 129 lbs
	219 196 156 lbs	149 277 236 lbs

Niederländisch-Indien, d.h. Java mit Madura, führte im Jahre 1903 aus nach

Holland	4 923 724 kg	Australien	26 170 kg
Großbritannien	4 348 135 kg	Hongkong	31 180 kg
Mittelmeer	13 730 kg	Britisch-Indien	–
Deutschland	145 898 kg	Singapore	684 962 kg
Amerika	–		10 173 799 kg

---

7 Für das Jahr 1904 fehlen die Angaben, es sind die Zahlen aus dem Vorjahre eingesetzt worden.

8 s.o.

Die Sorten sind umso feiner, je jünger die Blätter sind, welche zu ihrer Herstellung dienten. Als feinste Sorte gilt der Flowery Pekoe, welcher neben dem jüngsten Blatte die Knospe in reichlicher Menge enthält. Dann folgen mit absteigender Wertschätzung Orange Pekoe, Broken Orange Pekoe, Pekoe, Broken Pekoe, Pekoe-Souchong, Souchong. Außerdem gewinnt man noch Dust (Staub) und Fannings. Die beim Rollen abgebrochenen oder abgerissenen leichten Blattteile sondern sich beim Trocknen durch den Luftzug ab; sie werden gesammelt und je nach der Qualität als Pekoe- oder Souchong-Fannings in den Handel gebracht. Broken tea ist Tee, dessen Blätter ihrer Größe wegen gebrochen werden.

Die Produktion grünen Tees spielt in Indien, auf Ceylon und auf Java nur eine untergeordnete Rolle und kommt für den europäischen Markt überhaupt nicht in Betracht.

Die Beurteilung der Qualität des Tees geschieht, wie oben erwähnt wurde, nach dem Aussehen, dem Geschmack und dem Aroma. Für das Aussehen ist die Farbe der Blätter und die Mache, d.h. die Art und Weise, in welcher die Blätter behandelt worden sind, entscheidend. Die feinen Qualitäten sind durchgängig gut gerollt, reinlich gehalten, augenscheinlich mit großer Sorgfalt behandelt. Die saftreichsten, d.h. die jüngsten Blätter rollen sich am härtesten und bewahren am längsten ihre Form. Es lässt sich also aus der Art des Rollens auf das Alter der Blätter und damit auf die Qualität schließen. Der Tee soll sich glatt und zart in der Hand anfühlen, einem leichten Druck nachgeben, aber nicht zerbrechen. Das Aroma lässt sich ziemlich richtig beurteilen, wenn man auf eine Handvoll Tee haucht und sie dann unmittelbar vor die Nase hält. Allerdings soll es auch Teesorten geben, welche hierbei ein starkes Aroma entwickeln, das im Aufguss rasch verschwindet. Ferner gibt das Kauen der Teeblätter über ihre Qualität Aufschluss. Am zuverlässigsten wird der Tee aber aus dem Aufguss beurteilt. Hierbei ist das Aroma, die Farbe, der Körper und der Geschmack zu berücksichtigen. Ein Aufguss von starkem Aroma, goldgelber Farbe, vielem Körper und prickelndem Geschmack bekundet eine feine Qualität. Die Farbe des Aufgusses ist aber niemals ein Gradmesser für die Stärke des Tees, denn diese hängt von dem Koffeingehalt ab.

Da selten alle Trinkqualitäten in gleicher Vollkommenheit in einer Sorte vorhanden sind, hat es sich als zweckmäßig erwiesen, zwei oder mehrere Sorten miteinander zu mischen. Solche Mischungen werden nicht von den Produzenten, sondern von den Importeuren hergestellt, welche den Geschmack ihres Publikums beurteilen können. Namentlich in England hat man den Mischungen seine besondere Aufmerksamkeit zugewandt. Die Grundlage der Mischung bildet etwa bis zur Hälfte die in dem Lande beliebteste Teesorte, in England beispielsweise die Congous, in Nordamerika die grünen Teesorten. Die brauchbaren Zusätze müssen durch Versuche gefunden werden; die zugesetzten Mengen werden genau bestimmt. Durch diese Vermischungen, welche in endloser Mannigfaltigkeit hergestellt werden

können, gewinnt der Konsument, da er preiswert einen seinem Geschmack entsprechenden Tee erhalten kann, während er sonst eine feinere und teurere Qualität wählen und dennoch alle ihre Unvollkommenheiten in den Kauf nehmen müsste. So stellen diese Mischungen, wenn sie mit richtigem Verständnis für Teegeschmack ausgeführt worden sind, eine Verbesserung und keine Verfälschung dar.

Die beste Teesorte oder die vorzüglichste Mischung ist aber für den Teetrinker wertlos, wenn der A u f g u s s nicht in der richtigen Weise bereitet wird. Das für denselben zu verwendende Wasser muss weich sein; falls nur hartes Wasser zur Verfügung steht, soll doppeltkohlensaures Natron, und zwar eine Messerspitze voll auf einen Liter, zugesetzt werden. Das Wasser muss kochen, aber nur ganz kurze Zeit, da sonst der Aufguss schal wird; zum zweiten Mal gekochtes Wasser darf überhaupt nicht verwandt werden. Der Tee wird in einem vorher erwärmten Ton- oder Porzellangefäß aufgegossen. Nach 5–8 Minuten soll der Aufguss in ein anderes erwärmtes Ton- oder Porzellangefäß abgegossen werden. Indischer Tee darf überhaupt nicht länger als 5 Minuten ziehen, da er sonst widerlich und außerordentlich bitter schmeckt. Es darf nie vergessen werden, dass die wertvollen Bestandteile des Tees wie das Koffein und die aromatischen Stoffe bereits in den ersten Minuten ausgezogen werden. Später werden noch Farb- und Gerbstoffe ausgezogen, welche keinen anderen Wert haben, als den Aufguss intensiv zu färben.

Mit der Zeit verliert der Tee selbst bei guter Aufbewahrung, also aus inneren Ursachen, sein Aroma. Beim japanischen Tee tritt das bereits in einem Jahre ein. Auch der Geschmack verändert sich. Die Ursachen dieser Erscheinungen sind bisher unbekannt; deshalb ist vorderhand nichts dagegen zu machen. Um aber, abgesehen hiervon, das Aroma möglichst lange zu konservieren, muss der Tee möglichst luftdicht abgeschlossen aufgehoben werden. Für den Transport und für die Lagerung hat sich die Verpackung in Bleifolie als besonders geeignet erwiesen. Der Tee verliert nicht nur sein Aroma, wenn er frei an der Luft liegt, sondern nimmt auch leicht Gerüche aus der Umgebung auf. In den Haushaltungen und beim Händler ist deshalb besonderes Gewicht auf zweckmäßige Aufbewahrung des Tees zu legen. Er ist geschlossen, an trockenen nicht zu heißen Stellen, frei von Gerüchen aufzuheben.

Da der Tee selbst in seinen billigen Sorten verhältnismäßig teuer ist, so ist die Versuchung, ihn zu fälschen, sehr groß. In früheren Jahrzehnten haben darin wohl auch die Chinesen Erhebliches geleistet, doch soll das wenigstens hinsichtlich des Exportes ein überwundener Standpunkt sein. Die in allen Büchern immer wieder auftauchenden gegenteiligen Behauptungen sind irrig. Durch den verbesserten Geschmack des Publikums, durch die größere Erfahrung der Handeltreibenden und zum Teil auch durch die polizeilichen Gesundheitsvorschriften der Konsumländer ist diese Veränderung herbeigeführt worden. Dahingegen scheint man sich in Europa durchaus nicht zu scheuen, allerlei Fälschungen des Tees vorzunehmen; solche Ware wird natürlich nur durch unkundige und unreelle Detaillisten an das

Publikum verkauft. Alle Fälschungen beziehen sich im Wesentlichen auf folgende vier Punkte: Verwendung anderer Blätter an Stelle von Teeblättern, Verwendung gebrauchter Teeblätter, Zusatz von Farbstoffen zur Färbung der Teeblätter und Zusatz von mineralischen Stoffen zur Beschwerung des Tees. Die Gegenwart des Farbstoffes und der zur Beschwerung dienenden mineralischen Stoffe, ebenso wie die Abwesenheit des Koffeins, wenn der Tee ausschließlich aus gebrauchten Teeblättern besteht, lässt sich mit Hilfe des Mikroskops feststellen. Aus der anatomischen Untersuchung der Teeblätter ergibt sich die Ab- oder Anwesenheit von anderen Blättern als Teeblättern. Über die Natur der zugesetzten Farb- und Beschwerungsstoffe und über die Menge der mineralischen Bestandteile gibt die chemische Analyse Aufschluss. Auch kann sie aus einer quantitativen Bestimmung des Koffeins feststellen, ob dem Tee gebrauchte Teeblätter zugesetzt sind.

Über die Größe der jährlichen Teeproduktion lassen sich keine Angaben machen, da es namentlich in China an einer Produktionsstatistik fehlt. Die Teemengen, welche 1903 auf den Weltmarkt gelangten, beliefen sich nach einer Mitteilung der britischen Regierung an das Parlament auf 294 Mill. kg und im folgenden Jahre waren sie etwa ebenso groß bei einem Export Japans von 64 Millionen engl. Pf.

Der Versand des Tees wird von den großen Hafenplätzen des betreffenden Gebietes besorgt. Für China wurden die Verschiffungsverhältnisse näher auseinandergesetzt. Britisch-Indien exportiert hauptsächlich über Calcutta, Ceylon von Colombo und Java von Batavia und Surabaja. In Nordamerika und in Europa sind es die großen Hafenplätze, welche Tee importieren. Russland führt direkt zur See über Odessa und zu Lande über Kiachta in Sibirien ein. Für Holland sind die Haupthäfen Amsterdam und Rotterdam, für Großbritannien London. Die anderen europäischen Länder haben nur einen sehr geringen Teekonsum und damit auch nur einen geringen Teeimport. Deutschlands Teeeinfuhr, die hauptsächlich über Hamburg und Bremen geht, belief sich 1904 auf 32 517 Dz., von denen 28 956 Dz. durch direkten Bezug gedeckt wurden. Deutschland bevorzugt den chinesischen Tee.

4. Mate oder Paraguaytee

Die Kenntnis des Mate reicht weit in das prähistorische Zeitalter Amerikas zurück, denn in den Gräbern der Totenfelder von Ancon bei Lima in Peru wurden mit den Mumienballen aus der Blütezeit der Inkadynastie neben Waffen, Schmuckgegenständen, Textil- und keramischen Erzeugnissen auch Mateblätter vorgefunden. Und als die Spanier 1591 zu den Guarani-Indianern kamen, stand die Pflanze bei ihnen in hohem Ansehen. Das Genussmittel wurde von ihnen als „Caá" d.h. Kraut bezeichnet, was die Spanier mit Yerba übersetzten. Das Getränk wurde und wird von der

einheimischen Bevölkerung aus einem Flaschenkürbis, Mate, mit einem Röhrchen, der Bombilla, genossen. Danach bezeichnete man das Genussmittel als Yerba Mate und übertrug diesen Namen auf das Getränk. Im portugiesischen Sprachgebiet heißt es Herva oder Erva Mate. Schlechtweg wird es überall Mate genannt.

Bestand von Matebäumen in Paraguay (nach Fotografie)

Er wird aus in bestimmter Weise behandelten Blättern verschiedener Gewächse, mehrerer *Ilex*-Arten und einiger Pflanzen aus anderen Familien bereitet. Die Hauptmasse des Genussmittels wird von wildwachsenden Pflanzen, vorwiegend von *Ilex paraguariensis* gewonnen, und sie ist auch diejenige Mate liefernde Pflanze, welche seit einigen Jahren in Kultur genommen worden ist. Der Mate heißt deshalb auch Paraguaytee.

Ilex paraguariensis ist eine Verwandte der bei uns einheimischen und in Gärten und Anlagen vielfach angepflanzten Stechpalme. Sie wird 6, 8 oder gar 10m hoch, hat eine schöne gewölbte Krone und einen kurzen Stamm. Die immergrünen, lederigen, glänzenden Blätter stehen wechselständig, sind länglich verkehrt eiförmig, selten unter 5cm lang, am Grunde keilförmig verschmälert und haben einen kerbig gezähnten Rand. Die büscheligen Blütenstände stehen in den Blattachseln; die Blüten haben eine vierteilige Blumenkrone und den für die Familie der Aquifoliaceen charakteristischen Aufbau. Die Frucht ist eine kugelige, 4–8-samige Beere. Die Pflanze neigt stark zur Varietätenbildung. Sie kommt auf Bergen, an Flussläufen, aber auch in den Campos vor, tritt meistens einzeln oder in Gruppen in den Urwäl-

dern auf. Bestände von Matebäumen werden als Yerbales bezeichnet. Das Verbreitungsgebiet dieser *Ilex*-Art ist auf Südamerika beschränkt. Es erstreckt sich östlich vom Paraguayfluss über den Paraná zwischen dem 18° und 30°s. Br. Auch kommt der Matebaum in einigen Gegenden der bolivianischen Anden vor. Je weiter er nach Westen geht und sich von der Küste entfernt, umso besser wird seine Qualität, womit übereinstimmt, dass der Mate aus Paraguay im Allgemeinen alkaloidhaltiger ist als der aus Brasilien. Auf tiefgründiger, humusreicher dunkelroter Alluvialerde soll der Baum am besten gedeihen, während ihm reiner Sand und salzhaltiger Boden schädlich sind. Auch lange Trockenperioden kann er nicht vertragen.

Die Kultur des Baumes stieß bis vor kurzem auf große Schwierigkeiten, da der Samen nur dann keimt, wenn er die Verdauungsorgane des Paraguayfasans, des Jacu, passiert hat. Die Jesuiten haben ein Mittel besessen, den Samen zum Keimen zu bringen, und haben während ihrer Herrschaft in Paraguay und den angrenzenden Teilen Argentiniens Matekulturen angelegt. Mit ihrer Vertreibung ging die Kenntnis dieses Mittels verloren. Nach mannigfachen Versuchen ist es, unabhängig voneinander, zwei Deutschen, Carlos Jürgens in Santa Cruz in Rio Grande do Sul (Brasilien) und Fr. Neumann in der Kolonie Nueva Germania (Paraguay) gelungen, in der Behandlung der Samen mit rauchender Salzsäure ein Mittel ausfindig zu machen, sie zum Keimen zu veranlassen. Die Keimung geht nach dieser Vorbehandlung in zweckmäßig gewähltem Boden vor sich. Sind die jungen Pflanzen 8–10cm hoch geworden, müssen sie umgepflanzt werden. Haben sie die Höhe von 30–50cm erreicht, werden sie an den definitiven Standort in die Plantage in Abständen von 3 ½m verpflanzt. Zur Schattierung der jungen Pflanzen im ersten Jahre kann Mais zwischen sie gesät werden, der obendrein noch eine Nutzung gestattet. Im dritten Jahre werden die Bäume zurückgeschnitten, damit sie Buschform annehmen. Vier Jahre nach dem Auspflanzen kann die erste Ernte von dem Bäumchen erwartet werden; es liefert dann 4–6kg Blätter. Der Ertrag steigt in den folgenden Jahren noch ganz bedeutend. Nach der Ernte muss bei den wildwachsenden Bäumen eine vierjährige Ruhezeit eintreten, während bei den kultivierten eine zweijährige ausreicht.

Da man erst seit wenigen Jahren den Matebaum kultiviert, stammt die Hauptmasse des jährlich geernteten Mates von wildwachsenden Exemplaren. Er kann nur an Ort und Stelle in den Wäldern gewonnen werden, welche oft weit von aller Kultur abliegen; die Methode ist deshalb noch recht primitiv.

Zweig mit Blättern und Knospen von Ilex paraguariensis. Kleiner als die natürliche Größe (Aus N e g e r *und* V a n i n o, *Der Paraguaytee [Yerba-Mate]. Stuttgart 1903)*

Von den abgehauenen Ästen der Matepflanze werden die Zweige bis zu Klein-fingerdicke abgebrochen und von dem Ervateiro schnell durch ein hinter einer Brustwehr befindliches Feuer gezogen. Die Blätter dürfen dabei nur welken, aber nicht anbrennen; durch diese „Sapecar" genannte Prozedur bewahren sie ihre grüne Farbe. Die sapekierten Zweige werden gleichmäßig, mit den Enden nach einer Rich-tung, aufeinandergeschichtet und mit Schlingpflanzen zu Bündeln von zirka 30kg zusammengeschnürt. Diese Bündel werden auf einem Gerüst, welches in einem primitiven im Urwalde errichteten Schuppen aufgeschlagen wird, aufgestellt. Der Schuppen bleibt an allen Seiten offen, sein Dach besteht meistens aus Blättern der Kokospalme (Cocos campestris). Auf dem Gerüst werden die sapekierten Bündel fest nebeneinandergestellt; wenn es vollständig beschickt ist, wird unter ihm ein Feuer angezündet, welches überall gleichmäßig brennen muss und keine lebhafte Flamme erzeugen darf. An dem Aufsteigen der Dämpfe und durch Befühlen im Innern der Matebündel stellt der Ervateiro fest, wann er mit Feuern aufhören muss. Die erhitzte Erva bleibt 4–6, auch 8 Tage, je nachdem ob warme oder kalte Witterung herrscht, stehen und schwitzt oder fermentiert. Dann wird wieder Feuer angezündet, und sie wird vollständig getrocknet. Inzwischen wird ein „Caucho", eine 5x2m große, aus der Länge nach gespaltenen und mit der Außenseite nach oben gelegten Kokosstämmen bestehende Tenne, hergerichtet. Mit stark gebogenen Säbeln aus hartem Holz von 1,5m Länge werden die getrockneten Bündel auf diesem „Caucho" klein geschlagen. Alle Zweige und Holzteile werden soviel wie möglich mit zerschlagen und bleiben dazwischen. Der klein geschlagene Mate wird in Körbe aus Taquararohr, die mit Taquaralaub ausgekleidet sind, fest eingestampft. Auf Maultieren, von denen jedes zwei Körbe zu 3 Arrobas (á 12,5kg) enthält, wird der Mate aus dem Urwald in die Matemühle geschafft. Vielfach kommt er schon in dieser Form als *Erva cauchada* in den Handel. Für den Export aus Brasilien wandert er aber in die Mühlen, wird hier zerkleinert und gesiebt. Die gröberen Holzteile werden noch einmal in den Mühlen zerkleinert und dann mit der gesiebten Ware gemischt. Dies Produkt kommt unter dem Namen *„Erva moida"* (gemahlene Erva) in den Handel.

Der Hauptübelstand dieser primitiven Gewinnungsweise besteht in dem Rösten über offenem Feuer. Hierbei ist eine Rauchentwicklung fast unmöglich zu vermei-den, wodurch das Produkt einen räucherigen Geschmack annimmt. Gewöhnt man sich an denselben allerdings auch leicht, so erschwert er doch die Einführung des Mate in Europa, wo er mit der Konkurrenz des aromatischeren Tees und des Kaffees zu kämpfen hat. Mit Rücksicht auf den Export ist man bestrebt gewesen, dies Ver-fahren zu verbessern, doch ist das nur ausführbar, wenn die Yerbales nicht zu entfernt von den Ansiedlungen liegen, wird aber wohl erst in größerem Umfange der Kultur-yerba zugutekommen. Man hat also versucht, das direkte Feuer durch strahlende Wärme oder wie bei der Bereitung des Tees durch heiße Luft zu ersetzen.

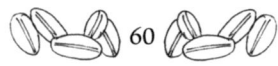

Trockenrost für Mate (nach Fotografie)

Die Matemühlen sind meistens auch sehr primitiver Art. Vielfach bestehen sie aus einem einfachen Göpelwerk, welches auf einer gedielten Tenne massive hölzerne, mit hölzernen oder eisernen Zähnen besetzte, kegelförmige Walzen herumrollt. In Affuncion, Rosario, Buenos Aires und einigen anderen Orten sind freilich Dampfmühlen vorhanden, bei denen die Yerba zwischen zwei sich gegeneinander bewegenden Walzen zerkleinert wird. Eine solche Mühle vermag bei zehnstündiger Arbeitszeit täglich 5 000 bis 6 000kg Mate zu liefen.

Der Mate wird in sehr verschiedener Weise verpackt, in Säcken aus Segeltuch zu 4 Arrobas oder in Ochsenhäuten zu 100kg oder in Kästchen aus sogenanntem Zedernholz, oder in Fässchen und Körben aus Taquararohr, oder bei recht sorgfältiger Verpackung, wie im Staate Paraná, in Fässern aus Araukarienholz. Die Verpackung in Ochsenhäuten war früher die allgemeine Verpackung. Man feuchtet die Ochsenhäute an, füllt den Mate hinein und setzt die geschlossenen „Seronen" der Sonne aus. Die Häute schnurren zusammen und üben eine gelinde Pressung auf den Inhalt aus. Diese Verpackungsweise lehrt, dass der Mate nicht so empfindlich ist wie der Tee, er verliert nicht so leicht wie dieser sein Aroma, wenn er der Luft ausgesetzt wird. Für eine Reifeausrüstung ist deshalb der Mate vorzuziehen. Es wird sogar behauptet, dass er bei trockener Aufbewahrung noch an Aroma gewinne.

Auch beim Mate unterscheidet man verschiedene Handelssorten, zunächst nach dem Aussehen, ob Blattteile vorhanden, ob die Beimengung von Zweigstücken beträchtlich ist, ob der Mate gemahlen ist, ferner macht man nach dem Geschmack

und dem Aroma Unterschiede. Man kennt bittere und mildere, starke und schwache Sorten. Der Mate von Paraguay ist im Allgemeinen bitterer als derjenige von Süd-Brasilien, auch reicher an Alkaloid. Er wird höher geschätzt und erzielt bessere Preise. Ähnlich wie beim Tee sind auch beim Mate Mischungen im Gebrauch. Auch versetzt man den Mate von *Ilex paraguariensis* mit Mate anderen Ursprunges. Auch Fälschungen sollen vorkommen, indem der Mate mit Blättern versetzt wird, denen seine charakteristischen Eigenschaften abgehen. In manchen Fällen werden solche Blätter zugesetzt, um dem Mate ein spezifisches Aroma zu verleihen.

Wenngleich Produktion und Konsum des Mates auf Südamerika beschränkt sind, so sind doch beide ziemlich beträchtlich. Die Ernte des Jahres 1903 lieferte der Schätzung nach 100 Mill. kg; davon entfiel die Hauptmenge auf die Staaten Paraguay und Paraná. Der Rest verteilte sich auf Argentinien und die brasilianischen Staaten Matto Grosso, Rio Grande do Sul, Santa Catarina, San Pablo. Die Paraguayer Yerbales nehmen einen Flächenraum von zirka 1 460 000 ha ein; eine einzige Gesellschaft, die *Sociedad anónima yerbatera la industrial Paraguaya* besitzt 840 000 ha in Tucurupucu, Igatini, San Estanislao, Concepcion und San Pedro. In Paraguay sind auch von Paraguayern und Deutschen große Anpflanzungen gemacht worden. Derartige Anpflanzungen gelten als gute Kapitalanlagen, nachdem die ersten Ernten ein sehr gutes gleichmäßiges Produkt geliefert haben. Trotz des eigenen bedeutenden Konsums, welchen Paraguay hat (15,73kg auf den Kopf der Bevölkerung), geht der größere Teil der Produktion außer Landes, namentlich nach Argentinien. Der Export von Paraná ist noch bedeutender. Unter den brasilianischen Staaten folgen dann mit abnehmender Bedeutung Matto Grosso, Rio Grande do Sul und Santa Catarina. Der Export Brasiliens geht hauptsächlich nach den La Plata-Staaten und Chile, in geringer Menge nach den nördlichen Teilen Brasiliens. Buenos Aires ist der Hauptmarkt für Mate. Der Export richtet sich nach Uruguay, Chile und Bolivien. Der Verbrauch der matekonsumierenden Länder ist pro Kopf der Bevölkerung zum Teil wie in den La Plata-Staaten und Paraná sehr bedeutend. Der Export nach Europa ist bisher noch gleich Null, wenn sich auch unsere Landsleute in Südbrasilien und Paraguay bemühen, dem Mate bei uns Eingang zu verschaffen. Der in der Einleitung erwähnten Eigenschaften wegen wäre es mit Freuden zu begrüßen, wenn er sich als Volksgetränk einbürgerte. Er ist wohlfeiler als Kaffee, denn 1kg Mate liefert fünfmal soviel Aufguss wie 1kg Kaffee. In Hamburg wird Mate aus Brasilien[9] zu folgenden Preisen verkauft: 1. Sorte zu 2,50M, 2. Sorte zu 2,20M und 3. Sorte zu 1,30M das kg. So würde selbst die teuerste Sorte noch ein billiges Getränk liefern. Von Forst in Lausitz[10] kommt Mate aus Paraguay zum Vertriebe. Das Pfund wird mit 2,00 und das Kilo mit 3,50M bezahlt. Unter der Voraussetzung,

---

9   Zu beziehen von Hern C. Damlos in Hamburg.

10   Friedrich C. Sommer. Der Paraguaytee ist ferner zu haben an verschiedenen Stellen in Berlin, in Göttingen, Stettin, Chemnitz, Kassel und Naumburg a. S.

dass dieser Mate alkaloidreicher ist als der andere, ist das Getränk auch noch billig. Die Tasse Mate soll auf 1Pfg. zu stehen kommen. Die Herstellung des Getränkes ist sehr einfach. Man übergießt den Mate mit dem entsprechenden Quantum kochenden Wassers und lässt ihn einige Minuten ziehen. Die Blätter können noch zu einem zweiten Aufguss benutzt werden. Um dem Mate bei uns eine größere Verbreitung zu ermöglichen und ihn annehmbarer zu machen, hat man bereits allerlei Matepräparate hergestellt. Unter dem Namen „Yerbin" werden von Friedrich C. Sommer Pastillen, welche Mateextrakt enthalten, in den Handel gebracht. Eine Pastille löst man in einer Tasse Wasser auf und hat dann den gewünschten Tee. Der Apotheker H. Obst stellt aus Mate ein „bierähnliches alkoholfreies Gesundheitsgetränk von erfrischenden, anregenden, durstillenden Eigenschaften und angenehmem Geschmack" unter dem Namen „Yermeth" her. Auch kommt unter der Bezeichnung „Yer" ein Extrakt in den Handel, der, in geringer Menge Mineralwasser oder Brunnenwasser zugesetzt, ein dem Yermeth ähnliches anregendes und stärkendes Getränk liefert. Unter dem Namen „Dermate"[11] wird ein Pulver in drei verschiedenen Qualitäten in den Handel gebracht, das als Ersatz des Tees dienen soll. Eine kleine Messerspitze voll genügt zur Herstellung einer Tasse Mate. Für alle Matepräparate ebenso wie für den Mate selbst gilt, dass man sich an den spezifischen Geschmack erst gewöhnen muss, was aber leicht gelingt. Er teilt diese Eigentümlichkeit auch mit anderen Getränken. Kaffee, Tee, Bier und Wein schmecken uns nur, weil wir daran gewöhnt sind. Auf Kinder haben diese Getränke meistens eine abstoßende Wirkung, wenigstens anfänglich. Man lasse sich also nicht durch eine flüchtige Probe vom Mategenuss abschrecken.

5. Kakao

Die erste Kenntnis vom Kakao gelangte durch Ferdinand Cortez nach Europa. Er fand den Kakaobaum in Mexiko bei den Azteken in Kultur; die Bohnen wurden als Geld benutzt. Die Eingeborenen bezahlten damit ihre Einkäufe auf dem Markte. Im mexikanischen Staatsschatze fand er 2 ½ Millionen Pfund Bohnen vor. Die Mexikaner nannten die Bohnen *cacahoatl* und das aus ihnen bereitete Getränk *Chocolatl*, woraus die Bezeichnungen Kakao (*cacao* und *atl*-Wasser) und Schokolade entstanden sind. Die Liebhaberei für die Schokolade verbreitete sich, wenn auch nicht ohne Widerstand, in Spanien, wo man ihre Bereitungsweise geheim hielt. Im Beginn des 17. Jahrhunderts machte der Florentiner Antonio Carletti die Bereitungsweise, welche er bei einem längeren Aufenthalte auf den Antillen kennengelernt hatte, bekannt.

---

11   Yermeth, Yer und Yermate werden von der Fabrik Dr. Graf & Comp. in Berlin-Schöneberg, Hauptstraße 25, hergestellt, von wo diese Präparate zu beziehen sind.

Nach Frankreich kam die Schokolade 1615 durch Anna von Österreich, die Gemahlin Ludwigs XIII., und die Tochter Philipps III. von Spanien, aber es dauerte lange, bis sie sich hier Geltung verschaffte, denn selbst noch 1661 musste sich die Gemahlin Ludwigs XIV., Maria Theresia von Spanien, verstecken, um ihre Schokolade zu genießen. Allmählich ward aber die Schokolade in Paris Mode. 1684 verteidigte der Pariser Arzt Buchet vor der Fakultät der Universität eine These, in welcher er gut gemachte Schokolade als eine der edelsten Erfindungen pries, weit mehr würdig als Nektar und Ambrosia, die Speise der Götter zu sein.12 Auf diese Dissertation ist es vermutlich zurückzuführen, dass Linné 1769 dem Kakaobaum in seinen *Amoenitates academicae* den lateinischen Namen *Theobroma*, d.h. Götterspeise, verlieh.

Theobroma Cacao, Kakaobaum mit reifen Früchten aus Ceylon (nach Fotografie)

---

12   E. Strasburger, Streifzüge an der Riviera. Berlin 1895. S. 78.

 64

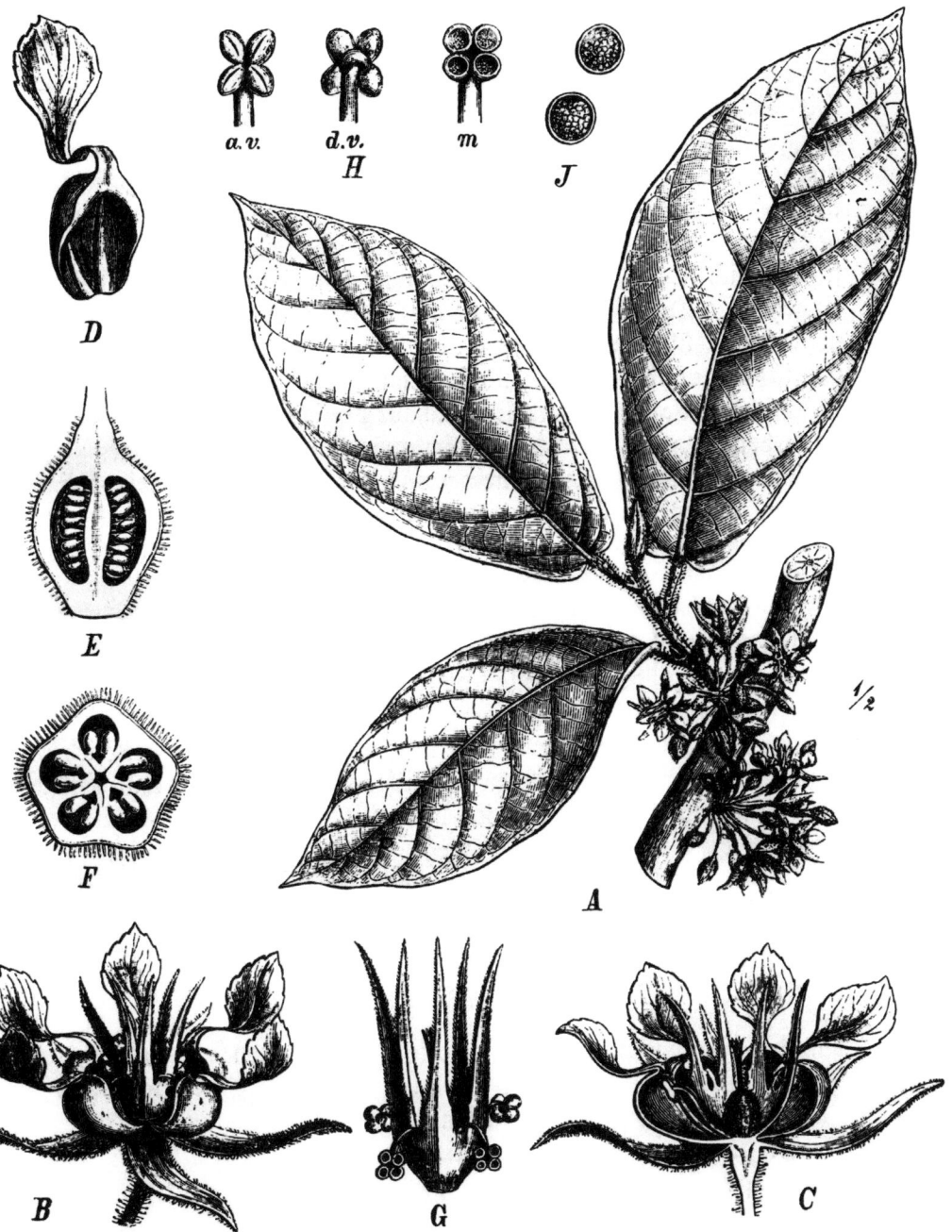

a.v.   d.v.   m

H

J

D

E

F

A

½

B   G   C

In England war die Schokolade gegen die Mitte des 17. Jahrhunderts allgemein gebräuchlich; es entstanden sogar ähnlich unseren Kaffeehäusern Schokoladehäuser. Zur Verbreitung dieses Getränkes nach Deutschland dürfte der 1679 erschienene „Tractat van Kruyd, Thee, Caffe, Chocolata" von Bontekoë, dem Leibarzt des Großen Kurfürsten, viel beigetragen haben. Von demselben merkantilistischen Gesichtspunkte wie beim Kaffee, dass das Geld nicht aus dem Lande gehen sollte, geleitet, verbot Friedrich der Große die Einfuhr der Schokolade und beauftragte den Chemiker Markgraf, ein Surrogat aus Lindenblüten herzustellen, das aber noch weniger Anklang als seine Kaffeesurrogate fand. Die erste Schokoladenfabrik wurde 1756 von einem regierenden Fürsten, Wilhelm von Lippe, in Steinhude eingerichtet, wozu er Portugiesen in sein Land zog.

Naturgeschichtliches. Der Kakaobaum gehört zur Gattung *Theobroma* aus der Familie der *Sterculiaceae*. Die etwa zwanzig bekannten Arten sind im tropischen Amerika heimisch, doch werden die in den Handel gelangenden Kakaobohnen nur von den Arten *Th. leiocarpum, bicolor, pentagonum*, der überwiegenden Menge nach aber von *Th. Cacao* mit feinen zahlreichen Varietäten und zwar mit verschwindenden Ausnahmen von kultivierten Pflanzen gewonnen.

Theobroma Cacao L. wird im Durchschnitt 6–8, in seltenen Fällen sogar 10–15m hoch bei einem Stammdurchmesser von 15–25cm. Zum Teil hängt die Höhe der Bäume von den Wachstumsverhältnissen ab. So bleiben die Stämme in den windigen Lagen Zentralamerikas kleiner als an ruhigen feuchten Stellen. Die abwechselnd stehenden, in der Jugend rötlich angehauchten, immergrünen, aber relativ dünnen Blätter sind glänzend grün, ziemlich spitz zulaufend und mit borstenförmigen flach abfallenden Nebenblättern ausgestattet. Die zierlichen, büschelförmig angeordneten Blüten entspringen nicht wie bei unseren einheimischen Pflanzen aus den Blattachseln, sondern aus kleinen Knötchen am Stamme und an den dickeren oder doch wenigstens schon blattlosen vorjährigen Zweigen. Die zwitterigen Blüten stehen auf dünnen Stielen, besitzen fünf rosenrote schmale Kelchblätter und ebenso viele gelbliche am Grunde kapuzenförmig konkave, aber spatelförmig zurückgeschlagene Blütenblätter mit rötlichen Adern. Es sind zwei fünfzählige Kreise rosenrot gefärbter Staubgefäße vorhanden, von denen nur die des inneren je vier kreuzförmig angeordnete Staubbeutel tragen. Alle Staubgefäße sind am Grunde zu einem Becher zusammengewachsen, welcher den freistehenden fünffächerigen Fruchtknoten umschließt. Jedes Fach enthält zahlreiche, an der Mittelachse des Fruchtknotens befestigte Samenanlagen. Aus dem Fruchtknoten gehen große, derbe, geschlossen bleibende, mehr oder weniger an Gurken erinnernde Früchte hervor, welche 10, wenn auch nicht immer scharf ausgeprägte Längsfurchen zeigen. Nach dem freien Ende läuft die Frucht spitzer zu als nach dem entgegengesetzten Ende. Die Schale ist dick, von fest fleischigem Gefüge, getrocknet lederartig. Die Zahl der Samen schwankt stark nach ihrer Ausbildung und der Größe der Frucht (20–28,

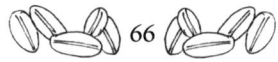

40, selbst bis 70); sie sind in 5–8 Längsreihen angeordnet und horizontal an der Mittelachse der Frucht befestigt. Sie sind von einer dünnen Schicht süßsäuerlichen, schleimigen, weißen oder rosafarbenen Fruchtfleisches eingehüllt. Die Samenschale ist blassrötlich oder schmutzig-bräunlich, papierdick; übrigens wechselt die Dicke auch nach Varietäten. Es ist ein rudimentäres Endosperm (Nährgewebe) vorhanden, das fälschlicherweise als innere Samenhaut bezeichnet wird. Der Keimling besitzt zwei gefaltete Keimlappen, in deren Falten das rudimentäre Endosperm hineingewachsen ist, wodurch die Keimlappen in eckige Stücke zerklüftet werden. Diese Keimlappen werden im Handel mit dem englischen Ausdruck „nibs" bezeichnet; sie sind weiß bis violett gefärbt.

Die zahlreihen Varietäten unterscheiden sich besonders hinsichtlich ihrer Früchte und Samen. Die Früchte sind ihrer Form, ihrer Größe, der oberflächlichen Beschaffenheit – es gibt glattschalige und höderige –, der Farbe – gelb- und rotschalige –, der Dicke der Schale und der Spindel nach verschieden. Ähnlich weichen die Bohnen hinsichtlich der Gestalt und Größe ab. Im Allgemeinen sind sie beiderseits abgeplattet, länglich eiförmig; doch kommen auch mehr rundliche Samen vor. Die Farbe der Nibs schwankt einigermaßen mit der Farbe der Fruchtschalen, sodass bei Varietäten mit violetten und weißen Nibs, die weißen in den gelbschaligen und die violetten in den rotschaligen Früchten auftreten: Auch der Geschmack der Nibs ist nach den Varietäten verschieden. Vielfach werden die Bezeichnungen von der Beschaffenheit der Früchte hergenommen: A m e l o n a d o, Frucht wie eine Melone, C a l a b a - c i l l o, Kalabassenkakao, A l l i g a t o r, Fruchtschale mit vielen Höckern besetzt, S a n g r e t o r o, Frucht mit der Farbe von Rinderblut. Daneben kommen Bezeichnungen für Varietäten wie F o r a s t e r o, der Fremde, C r i o l l o, der im Lande selbst geborene, vor. Bei jener Varietät hat man noch das Bewusstsein, dass sie eingeführt worden ist, während es für diese nicht ausgeschlossen ist, nur dass man es nicht mehr weiß. Die zahlreichen Spielarten, welche sich in einem Lande finden, sind, wie aus diesen Bezeichnungen hervorgeht, nur zum Teil in demselben entstanden, zum Teil eingeführt worden. Aber auch diese werden durch die veränderte Bodenbeschaffenheit und die abweichenden klimatischen Verhältnisse verändert, sodass nicht ohne weiteres die Spielarten verschiedener Länder identisch sind. Nun scheinen sich aber alle Spielarten unter zwei Hauptgruppen unterordnen zu lassen, die man wohl als Criollo und Forastero bezeichnet hat. Unter Criollo soll dabei ein Kakao von folgenden Eigenschaften verstanden werden: „Die Frucht ist dünnschalig bis halbdick, mehr rundlich als langgestreckt, die Außenseite der Fruchtschale beinahe glatt oder mäßig gerillt, die warzenförmigen Erhebungen sind nicht sehr ausgesprochen. Vor allen Dingen sind die Bohnen rundlich und voll, der Geschmack der frischen Bohne ist milde, der Bruch der Nibs leicht hellviolett. Diese Kakaosorten sind von hohem Wert, die Bäume wachsen nicht so schnell, die Blätter sind hell von Farbe und mittelgroß." „Unter Forastero sind die Sorten mit dicker, rauher, tiefgefurchter Schale

und langgestreckter Fruchtform zu verstehen. Am Stengelende sind die Früchte eingeschnürt, während die Spitze häufig umgebogen ist. Der Geschmack ist ausgesprochen bitter, die Farbe der Nibs bis zu dunkelviolett, die Bohne ist lang und flach. Die Blätter sind dunkelgrün, sehr langgestreckt und lederartiger als beim Criollo. Der Baum wächst schneller und ist widerstandsfähiger."[13] Der Criollo ist viel empfindlicher als der Forastero, sowohl hinsichtlich der Kultur als auch der Erntebereitung.

Theobroma leiocarpum Bernouilli wird in Guatemala als Cumakakao kultiviert, soll nach Preuß aber nur eine Varietät von *Theobroma Cacao* sein. *Theobroma bicolor H. B. K.* ist ohne Bedeutung für den Weltmarkt. *Theobroma pentagonum* ist in Zentralamerika einheimisch und führt den Namen „Lagarto-Kakao". Er hat auch verschiedene Varietäten, beispielsweise den *Lagarto colorado* und *L. amarillo* gebildet; er ist spezifisch verschieden von *Theobroma Cacao*.

Theobroma Cacao ist in A m e r i k a e i n h e i m i s c h, und zwar findet er sich wild oder verwildert vom südlichen Mexiko im Norden bis zur brasilianischen Provinz São Paulo im Süden. Die engere Heimat ist unbekannt, da er sich schon lange in Kultur befand, als die Spanier nach Mexiko kamen. Dürfte man die Urheimat nach dem zahlreichsten Auftreten bestimmen, so müsste man sie nach dem Tal des Amazonenflusses verlegen, wo der Kakaobaum üppig im Schusse der Wälder an den Flussufern der Provinz Pará im Überschwemmungsgebiet gedeiht. In den verschiedenen Gegenden dieses weiten Verbreitungsgebietes wird der Kakaobau mit sehr ungleicher Intensität betrieben. Von Amerika hat man die Kakaokultur nach dem tropischen Afrika, Asien und den Inseln der Südsee gebracht.

In allen diesen Gebieten kann der Kakaobaum natürlich nur dort gedeihen, wo er die geeigneten W a c h s t u m s b e d i n g u n g e n findet. Er verlangt im Allgemeinen ein wärmeres und feuchteres Klima als der Kaffeebaum, wie er denn im wilden Zustande nur in Wäldern fortkommt. Eine nutzbringende Kultur setzt eine durchschnittliche Jahrestemperatur von mindestens 22°C voraus; unter 10°C sollte die Temperatur nicht sinken. Der Kakaobaum bedarf eines großen Maßes von Feuchtigkeit im Boden und in der Luft. Es wird angegeben, dass das Mindestmaß an Niederschlägen jährlich 2000mm betragen solle, doch wird der Kakaobaum noch mit Erfolg in Gegenden angebaut, die eine geringere Niederschlagsmenge besitzen wie auf Trinidad und in Zentralamerika. Man hilft sich dann teils durch künstliche Bewässerung, teils durch reichliches Anpflanzen von Schattenbäumen. Ständiges Grundwasser soll der Baum nicht vertragen können, vorübergehende Überschwemmungen schaden ihm nicht, da er sonst nicht im Überschwemmungsgebiet des Amazonas üppig gedeihen könnte. Auch in Surinam kommt er auf dem schweren fruchtbaren Alluvialboden, der durch Gräben und Kanäle drainiert wird, gut fort. Hier in der Nähe des Meeres ist reichlich Luftfeuchtigkeit vorhanden, ebenso

---

13   Ludwig Kindt, Die Kultur des Kakaobaumes und seine Schädlinge. Hamburg 1904, C. Boysen, S. 53.

auf der kleinen Insel Grenada. Ein sehr feuchtes und warmes Klima haben Venezuela und Ecuador, und diese Länder sind gleichsam für den Kakaobau prädestiniert. In Ecuador regnet es selbst in der Trockenzeit täglich.

Der Kakaobaum treibt normalerweise wie der Kaffee eine Pfahlwurzel, bevorzugt deshalb tiefgründigen Boden. Wenn er sich nun auch ohne solche behelfen kann, so hat das doch den Nachteil, dass er keinen festen Halt im Boden gewinnt, und so sollen in Surinam 60–75% aller Bäume umgefallen sein oder in schräger Stellung stehen. Hier haben wir steifen Lehmboden. Auf Trinidad und Grenada gilt ein etwas sandiger lockerer Lehmboden mit möglichst viel Humus als der beste Kakaoboden. Felsigen Grund vermeidet man, pflanzt aber ruhig in steinigen Boden. Beliebt ist auch ein Boden, auf dem Wald gestanden hat. In Venezuela liegen die berühmtesten Pflanzungen in den Erosionstälern der Küstenkordillere. Der Boden besteht meistens aus den Verwitterungsprodukten von Glimmerschiefer und Gneis, vermischt mit einer sehr reichlichen Menge von Humus, welcher aus den Wäldern im oberen Teile des Gebirges herabgespült worden ist. Ecuador hat sehr fruchtbaren Boden, auf dem selbst eine primitive Kulturmethode große Erfolge erzielt.

Da der Kakaobaum eine Tieflandpflanze ist, geht er nicht hoch in die Gebirge hinauf. Auf Ceylon liegen die Pflanzungen in einer Höhe von 300–600m nördlich und östlich von Kandy auf den Alluvialböden des Matale und Dumbara. In Nicaragua und San Salvador kommen Pflanzungen bis über 600 und einzeln selbst bis über 750m hoch vor. Auf dem Hochplateau von Valencia in Venezuela wird Kakao bis 450m Höhe gepflanzt; wenn man die Spielart danach wählt, kann man den Kakao dort auch bis über 1000m kultivieren.

Die Kultur des Kakaobaumes beginnt mit der Aussaat der Samen, welche bald nach der Ernte erfolgen muss, da sie sehr schnell ihre Keimkraft verlieren; in 10–14 Tagen keimen sie bereits. Die Samen werden meistens gleich an den definitiven Standort der Pflanzen in der Plantage ausgelegt, zu dreien oder mehreren an einer Stelle. Wenn die Pflanzen sich entwickeln, werden alle bis auf eine beseitigt, oder man lässt wohl auch wie in Ecuador alles wachsen, so dass hier vollständige Dickichte entstehen und die Bäume hoch aufschießen. Die Aussaat geschieht in Reihen mit bestimmten Abständen; auch in den Reihen werden bestimmte Abstände innegehalten. Sie sind in den verschiedenen Ländern von ungleicher Größe. Gleichzeitig mit der Aussaat der Kakaobohnen erfolgt das Pflanzen der Schattenbäume und der schattenspendenden Stauden wie Bananen und Maniok. Diese sollen so lange Schatten geben, bis die Schattenbäume genügend herangewachsen sind, und gleichzeitig noch eine Nutzung gewähren. Die heranwachsenden Kakaobäume werden mit Rücksicht auf Windverhältnisse und die leichtere Aberntung in vielen Gegenden durch Veschneidung niedrig gehalten. In Surinam beschneidet man die Bäume öfters; in Trinidad und meistens wohl auch in Grenada zieht man den Baum als Niederstamm in Korbform. In Nicaragua hält man ihn mit Rücksicht auf den Wind

niedrig. Auf Ceylon erreichen die Bäume eine Höhe von 4,5–6m und in Ecuador, wo man nicht durch Schneiden eingreift, von 8 und selbst 9–10m (Arriba).

Gedüngt wird im Allgemeinen noch nicht in den kakaobauenden Ländern; nur auf Grenada, wo die Kultur ohne Schattenbäume betrieben wird, ist das Düngen notwendig. Dafür erzielt man hier aber schon viel eher, nämlich im vierten Jahre, eine leidliche und im fünften Jahre eine volle Ernte, allerdings erschöpfen sich die Bäume auch eher. Auf Trinidad erlangen sie erst mit zehn Jahren die volle Ertragfähigkeit. Diese hängt aber nicht nur von der Kulturmethode, sondern auch von der Spielart ab. In Venezuela erreicht der Trinitario mit 7, der Criollo erst mit 9 oder 10 Jahren die volle Ertragfähigkeit.

Die Erträge, welche ein Baum nach erlangter Vollreife liefert, sind von sehr verschiedener Höhe und hängen von der Fruchtbarkeit des Bodens, der Spielart und Bewirtschaftungsmethode ab. Die feinen Sorten Zentralamerikas und Venezuelas sollen 1 Pfund Bohnen pro Baum liefern, doch wird von anderer Seite dieser Betrag für Venezuela als zu hoch erachtet; der durchschnittliche Ertrag für Ecuador soll 1 Pfund, für Machala, eine der dortigen Sorten, jedoch 1 ½–2 Pfund, der Ertrag in Surinam 3 Pfund, der auf Trinidad 1,5–1,6 Pfund, auf Grenada etwas mehr betragen. Doch lassen sich auch höhere Erträge erzielen. Da in den verschiedenen Ländern die Pflanzweite ungleich ist, so ist das Ernteergebnis, auf den Hektar bezogen, ein ganz anderes. Man gewinnt dann in Surinam 1000–1800, in Trinidad 1000–1100, in Venezuela ca. 1000 und in Ecuador 2000–2500 Pfund.

Der Kakaobaum blüht und fruchtet das ganze Jahr, doch pflegt er in den meisten Kakaoländern zu gewissen Zeiten, meist zweimal im Jahre, reichlicher zu fruktifizieren. Daher kommt es, dass man in Handelskreisen von 2 Jahresernten spricht. Auf Trinidad und in Venezuela fallen diese beiden Ernten in die Monate Juni und Dezember. Je nachdem die Früchte mehr an den Stämmen oder an den Ästen sitzen, unterscheidet man auf Trinidad eine Stamm- und Asternte. Der ersteren wird in der Regel der Vorzug gegeben, da die Früchte am Stamm die größten sind und auch die schönsten Bohnen liefern. Meistens wechseln die Ernten ab, selten sollen zwei Stammernten aufeinander folgen. In Ecuador urteilt man über den Wert der Ernten etwas anders. Zwar liefert die Stammernte die größeren und volleren Bohnen, aber ihre Zahl ist geringer, auch sind die Früchte dickschaliger.

Ernte und Erntebereitung. Die Früchte bedürfen zur Reife 5–9 Monate. Sind sie reif, werden sie abgeschnitten. Da die Früchte nicht aufspringen, müssen sie geöffnet werden, was in den einzelnen Ländern in verschiedener Weise geschieht. Sie werden aufgeschlagen oder aufgeschnitten mit verschiedenen Kunstgriffen und die Samen allein oder mit der Spindel zusammen herausgenommen. Die Schale wandert auf den Komposthaufen oder wird als Dünger in der Plantage untergegraben. Aus dem Fruchtfleisch lassen sich Gelees, Liköre und Branntwein herstellen.

Die so gewonnenen Kakaobohnen werden entweder direkt getrocknet oder vorher noch einer Gärung unterworfen, gerottet. Durch die Gärung gewinnt der Kakao sehr an Wert; diese Zunahme kann bis 50% betragen. Die Gärung unterbleibt deshalb nur dort, wo wie auf Dominica und einigen anderen westindischen Inseln die Kakaokultur auf niedriger Stufe steht.

Das Auskernen von Kakaofrüchten auf Java
(Nach Koloniaal Museum te Haarlem Afbeeldingen)

Die Gärung bezweckt, gewisse Veränderungen in der Samenschale und in den Nibs hervorzurufen. Bei richtig ausgeführter Gärung geht die Farbe der Samenschale bei vielen, nicht allen Sorten in ein feines Rotbraun über und löst sich leicht von den Nibs los. Die Veränderung dieser besteht in einer Verfärbung und in einer Geschmacksveränderung. Die weiße oder violette Farbe wird in Braun übergeführt, während die Bitterkeit der Nibs verschwindet und einem milden Geschmack Platz macht. Dies Ziel wird umso besser erreicht, je feiner die zu fermentierende Sorte ist, und je sorgfältiger man die Fermentierung durchführt. Es handelt sich also um chemische Veränderungen, welche in den Nibs hervorgerufen werden. Man hat diese Veränderungen auf einen Keimungsvorgang zurückführen wollen. Es sollten sich analoge Vorgänge abspielen wie bei der Entstehung des Malzes aus der Gerste. Spricht dagegen schon die außerordentlich kurze Zeit, in welcher bei manchen Sorten die Gärung vollendet ist, so hat Preyer bei seinen Studien auf Ceylon auch direkt nachweisen können, dass es sich um einen typischen Gärungsprozess handelt, um einen von Mikroorganismen, welche den Bohnen äußerlich anhaften, hervorgerufenen Prozess. Preyer hat auch versucht, die Natur der Gärungserreger festzustellen, und hat gefunden, dass es sich um einen Sprosspilz handelt. Allerdings siedeln sich zugleich Bakterien an, aber nur der Sprosspilz ist für die Veränderungen in den Bohnen notwendig und verantwortlich zu machen. Die Gegenwart der Mikroorganismen wirkt auch zersetzend auf das Fruchtfleisch, es wird in eine Flüssigkeit umgewandelt, welche abläuft. Die Einrichtungen für die Fermentierung bezwecken einen womöglichst guten Abschluss gegen die Luft, damit keine ungebetenen Organismen in die gärende Masse hineingeraten. Bei der Gärung entwickelt sich Wärme; der Prozess verläuft bei bestimmten Temperaturen am besten. Er muss so reguliert werden, dass diese Temperatur möglichst erreicht wird, und dass zu hohe Temperaturen vermieden werden. Die Fermentierung wird in den verschiedenen Kakaoländern sehr verschieden ausgeführt, in manchen genügt eine sehr primitive Methode, um ein gutes Resultat zu erreichen, in anderen Ländern muss man sehr sorgfältig verfahren; in manchen Ländern würde das an und für sich gute Produkt noch besser sein, wenn man auf die Fermentierung größere Sorgfalt verwenden würde. Ein mäßiges Produkt kann durch eine genügend ausgedehnte sorgfältige Fermentierung erheblich verbessert werden.

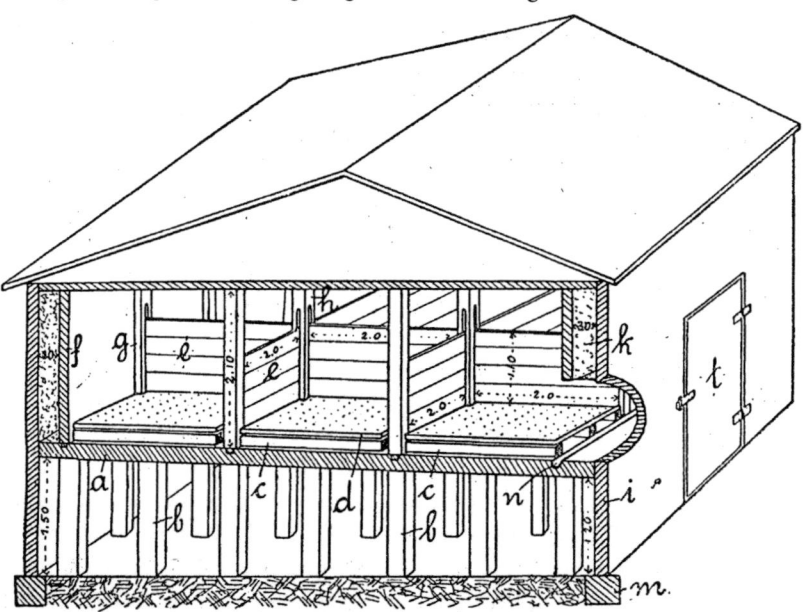

Kakao-Fermentierhaus mit fortgenommener Seitenwand. (Aus L u d w i g K i n d t, *Die Kultur des Kakaobaumes u. seine Schädlinge. Hamburg 1904) a hölzerner, unterer, fester Boden aus Zedernholz. b Pfeiler aus hartem Holz. c auf a aufliegender Zedernholzquerbalken. d oberer durchlöchterter, wegnehmbarer Boden aus Zedernholz. e in einzelnen Planken aufzunehmende Zwischenwände aus Zedernholz. f Innenwand aus Zedernholz. i äußere Wand aus beliebigem Holz. k mit schlechtem Wärmeleiter ausgefüllte Isolierschicht. t Tür mit Doppelwänden. m gemauerte Steinlage, auf welcher die Außenwände ruhen. n Gosse zum Auffangen des „Essigs", des flüssigen Zersetzungsproduktes des vergärenden Fruchtfleisches.*

In Ecuador gären die Bohnen gleichsam nur zufällig, nur nachts, wenn sie zugedeckt auf den Trockentennen liegen; aber hier ist diese Gärung ausreichend. Anderswo füllt man die Bohnen in Erdlöcher, zementierte Bassins, Fässer oder Holzkisten und deckt sie mit Bananenblättern zu. Wo, wie auf Trinidad, die Erntebereitung auf hoher Stufe steht, hat man doppeltwandige Kasten. Der Raum zwischen den beiden Wandungen wird mit einer die Wärme schlechtleitenden Substanz ausgefüllt, um zu verhindern, dass der Gärraum abkühlt. Auch sind an anderen Orten Fermentierungshäuser in Gebrauch, deren Bau aus der Figurenerklärung hervorgeht. In Venezuela schaufelt man die Bohnen auf einen Haufen, den man mit Bananenblättern zudeckt. Auf Ceylon stellt man einen Haufen von der Gestalt eines abgestumpften Kegels her, bedeckt ihn allseitig mit Bananenblättern, breitet darüber befeuchtete Jutematten und deckt diese wieder mit einer 3–5 cm dicken Schicht gleichfalls befeuchteter Erde zu. Welche Methode man immer anwendet, die Kakaohaufen müssen, wenn der Fermentierungsprozess längere Zeit in Anspruch nimmt, von Zeit zu Zeit auseinandergenommen und umgeschaufelt werden.

Ist die Fermentierung vollendet, so werden die Bohnen in den meisten Ländern getrocknet; in einigen Ländern wie auf Ceylon und in Zentralamerika wäscht man sie vorher, um stets noch anhaftende Teile des Fruchtfleisches zu beseitigen. Bekommen dadurch die Bohnen auch ein gutes Aussehen, so ist andererseits das Waschen mit einem nicht unbedeutenden Gewichtsverlust, der durch erhöhte Preise für die gewaschene Ware nicht wieder wettgemacht wird, verknüpft, weshalb es in anderen Ländern unterbleibt.

In erster Linie wird in Amerika an der Sonne und an der Luft getrocknet. Die Trocknung erfolgt langsam, aber so gleichmäßig und gut, dass die Kakaobohnen einen Grad der Trockenheit erlangen, wie er bei Anwendung künstlicher Wärme nur schwer zu erreichen ist. Die Bohnen werden in flacher Schicht auf Trockentennen ausgebreitet und häufiger gewendet; nachts und wenn Regen zu erwarten ist, werden sie zusammengekehrt und bedeckt, oder man fährt bewegliche Dächer über den Kakao, welcher unverändert auf der Tenne liegen bleibt. In anderen Gegenden benutzt man Trockenwagen. Das sind auf Dächern befestigte Plattformen, welche den Kakao aufnehmen; diese Trockenwagen werden nachts und bei drohendem Regen in die Häuser hineingefahren. Das Trocknen mit künstlicher Wärme soll nach Ansicht vieler Pflanzer die Qualität des Kakaos beeinträchtigen, weil die Bohne in ihren einzelnen Teilen ungleichmäßig schnell austrocknet. Ob diese Ansicht begründet ist oder nicht, jedenfalls ist man in manchen Gegenden, wo zur Zeit des Trocknens nasses und feuchtes Wetter herrscht, gezwungen, zum Trocknen mit künstlicher Wärme seine Zuflucht zu nehmen, wenn die Ware nicht verderben soll. Man verwendet je nach der Menge, welche zu trocknen ist, einfache Trockenapparate oder Trockenhäuser. Erstere sind große Kasten, in denen die Bohnen auf Hürden aus Drahtgeflecht in mehreren Etagen übereinandergestellt werden. Durch den Kasten wird mittels eines

Ventilators erwärmte trockene Luft gesogen. Die Trockenhäuser, von denen verschiedene Konstruktionen im Gebrauch sind, laufen im Wesentlichen auf dasselbe hinaus, nur dass sie gestatten, das Trockknen größerer Mengen auf einmal auszuführen.

Um das Aussehen der fermentierten Kakaobohnen zu verbessern, sind verschiedene Methoden im Gebrauch. Das Waschen wurde bereits erwähnt. Auf Trinidad und Grenada lässt man Leute mit bloßen Füßen in aufgehäuftem Kakao herumtreten. Durch dies „dancing" wird er gleichsam poliert. In Venezuela reibt man ihn vor dem Trocknen mit einer dort vorhandenen roten Erde ein; durch dies Färben wird das Aussehen besser, die Ware freilich beschwert. Es wird behauptet, dies Verfahren wirke konservierend; wenn das nun auch nicht erwiesen ist, so ist es klar, dass jedenfalls Fehler des Kakaos dadurch verdeckt werden.

In Venezuela wird der fertige Kakao auf den größeren Pflanzungen mit Maschinen sortiert, die guten Sorten außerdem noch mit der Hand ausgelesen. In Ecuador geht der notdürftig getrocknete Kakao auf dem Wasserwege nach Guayaquil an die Händler; hier wird er auf großen zementierten Hofräumen, eventuell auch in den Straßen, nachgetrocknet. Die Verpackung geschieht hier wie anderswo in Säcken oder Matten.

Bei einem guten Kakao soll das Innere der Nibs schokoladebraun, ihr Äußeres tief purpurrot mit einem Stich ins Braune gefärbt sein. Sie sollen sich leicht voneinander und von der Schale lösen; ihr Bruch soll fein, glänzend, glasartig sein. Beim Kauen sollen sie sich leicht im Munde auflösen; ihr Geschmack soll leicht zusammenziehend, erwärmend, stark schokoladeartig und frei von der leisesten Spur Moder sein. Die Schale wird gewöhnlich zimtbraun[14] gewünscht, doch ist das nicht bei allen Sorten zu erreichen, auch legen manche Schokoladefabrikanten wie die von Trinidad und Nordamerika kein Gewicht auf das Aussehen der Schale. Ritzt man die Nibs mit dem Fingernagel, so sollen sie Öl ausschwitzen und ein starkes Aroma entwickeln. Beim ungerotteten Kakao ist die Farbe der Schale dunkelviolett bis purpurrot, die Nibs lösen sich nur schwer ab und haben einen entschieden bitteren Geschmack.

Der Kakao wird verwandt zur Herstellung des Kakaopulvers und der Schokolade. Für letztere ist nur gerotteter Kakao brauchbar. Der ungerottete kann aber ebenso wie der gerottete für Kakaopulver benutzt werden.

Die Qualität des Kakaos ist nun nach den Ursprungsländern sehr verschieden. Sie hängt ab von der angepflanzten Varietät, den klimatischen und Bodenverhältnissen des betreffenden Landes, den Kulturmethoden und der Sorgfalt der Erntebereitung.

Die Kakaoproduktion für den Weltmarkt darf wohl auf ungefähr 120 Mill. kg angenommen werden. Die kakaobauenden Länder beteiligen sich in sehr ungleichem Grade daran, wie aus der folgenden Zusammenstellung hervorgeht:

| Ecuador | 1903 | 23 005 000 |
| Bahia | 1904 | 17 715 360 |

---

14 Anm. des Verlags: im Original „zimmetbraun".

Pará, Mandáos usw.	1903	5 124 898
Venezuela		ca. 8 000 000
Surinam	1903	2–3 000 000
Trinidad	1903/4	16 398 443
Grenada	vielleicht	2 500 000
St. Lucia		630 000
Haiti	1903/4	2 500 000
Dominikanische Republik	1904	13 557 739
Ceylon	1903	3 033 087
Java	1903	1 376 243
St. Thomé	1903	18 835 793
Principé	1903	1 200 000
Kamerun	1904	1 500 000
Goldküste	1902	2 434 600

An der Produktion ist Asien etwa mit 5, Afrika mit 25 Mill. kg beteiligt, während Amerika bei weitem die Hauptmasse des Kakaos erzeugt.

Es ist nun sehr überraschend, dass in den zentralamerikanischen Staaten und in Mexiko, wo doch alle Bedingungen für die Produktion sehr guter Sorten gegeben sind, so gut wie nichts für den Weltmarkt produziert wird, ja dass sogar noch Kakao importiert werden muss. Das hängt zum großen Teil mit der Unsicherheit des Eigentums, den Obstdiebstählen, zusammen.

Ecuador und Brasilien kämpfen um die Palme, wer den meisten Kakao produziert. In Ecuador wird die Kakaokultur in den fünf Provinzen Los Rios, El Oro, Guayas, Manabi und Esmeraldas mit 30, 6 ½, 6, 4 Mill. und 700 000 Bäumen getrieben. Der Kakao aus Los Rios heißt „Arriba", der aus Guayas „Balao", ein Teil auch „Naranjal", der aus El Oro „Machala", der aus Esmeraldas „Esmeraldas" und der aus Manabi „Bahia-Kakao" von dem Hauptausfuhrhafen dieser Provinz Bahia de Caraquez. Die Hauptmasse des Kakaos aus Ecuador wird von Guayaquil verschifft und führt deshalb auch die Bezeichnung „Guayaquil-Kakao". Er hat ein hervorragend kräftiges und schönes Aroma. Arriba ist nach Geschmack, Gehalt und Bruch der Bohnen die beste Spielart; Balao und Machala haben etwas flachere Bohnen von stärker bitterem Geschmack und sind einander sehr ähnlich. Bahia hat kleinere und rundere Bohnen. Der Esmeraldas-Kakao repräsentiert eine gute Varietät.

In Brasilien wird in denjenigen Gebieten der Kakaobau getrieben, welche ihren normalen Abfluss der Produkte über Bahia und Pará haben, also im Staate Bahia und im Amazonasgebiete und zwar auf halbem Wege zwischen Manáos und Pará und auf den zahllosen im Delta des Amazonenstromes liegenden Inseln (Inselkakao).

Venezuela ist durch die Güte seines Produktes ausgezeichnet, welche in erster Linie auf die angebaute Spielart, in zweiter auf die günstige klimatische und Bodenbeschaffenheit zurückzuführen ist. Die Kultur ist nicht intensiv und die Erntebereitung sehr einfach und fast primitiv. Der Venezuela-Kakao führt im Handel die Bezeichnung Cardácas-Kakao, weil diese Stadt früher der Hauptsitz des Handels war, heute befindet er sich in den Händen der Häfen La Guayra und Puerto Cabello. Die berühmten Pflanzungen liegen in den Tälern, welche von den Küstenkordilleren nach dem Meere zu verlaufen, in der Gegend zwischen den beiden genannten Hafenplätzen und bei Rio Chico. Andere Kakaozentren sind bei San Felipe und südlich vom Valencia-See. Grenada und Trinidad sind durch eine sorgfältige Kultur und gute Erntebereitung ausgezeichnet, wenn sie auch kein so gutes Produkt wie Venezuela liefern. Die Erntemenge auf Trinidad ist viel beträchtlicher als in Venezuela. Auf Trinidad nimmt die Kakaokultur wenig mehr als ein Drittel des gesamten Flächeninhaltes der Insel ein, 1898 waren 22 168 ha mit 16 227 000 Bäumen bestanden; die Plantagen liegen in den Distrikten von Arima, Sangre Grande und Montserrat.

Von größerer Bedeutung ist in Amerika noch die Insel Haiti. Die Hauptproduktionsgebiete sind in der Republik Haiti Jérémie im Süden und die Gegend nördlich von Mole St. Nicolas. Die viel erheblichere Produktion der Dominikanischen Republik wird aus den Häfen Santo Domingo, San Pedro de Macoris, Sanchez, Samaná und Puerto Plata ausgeführt.

In Afrika liegt das Kakaoproduktionsgebiet am Busen von Guinea. Auf dem Festlande wird die Kultur in Liberia, an der Goldküste, bei Lagos, in Kamerun und neuerdings in Angola (Cabinda) getrieben; an der Goldküste hat sie als Volkskultur große Ausdehnung gewonnen. Unter den Inseln steht St. Thomé mit seiner Produktion obenan, welche auch die Festlandsproduktion beträchtlich an Menge übertrifft. Die afrikanischen Kakaos sind erheblich geringwertiger als die besseren Sorten Amerikas; der Domingo-Kakao erzielt allerdings niedrigere Preise als die besten Sorten der afrikanischen Kakaos. Kamerun soll hinsichtlich seiner Bodenbeschaffenheit und seines Klimas ein Kakaoland ersten Ranges sein. Wenn dennoch das Produkt nicht von der gewünschten Güte ist, so liegt das an den Spielarten, welche bisher angepflanzt wurden, und an der Erntebereitung. Man gibt sich der Hoffnung hin, mit der Zeit ein besseres Produkt erzielen zu können.

In Asien und in der Südsee sind von einiger Bedeutung bisher nur Ceylon und Java. Die Kakaoplantagen Ceylons umfassen 14 175, die Javas etwa 7 000 ha. Jene liegen westlich, nördlich und östlich von Kandy, diese in der Residentschaft Samarang und den Preanger-Regentschaften. Neuerdings wird auch in Ostjava Kakao gebaut.

Deutschland bezieht 68% seines Kakaobedarfes (1904: 262 170 Dz. im Werte von 31 189 000 M) aus den verschiedenen Ländern Amerikas (Ecuador, Dominikanische Republik, Brasilien, Britisch-Westindien, Venezuela und kleine Mengen

aus anderen Staaten), 31% aus Afrika, ¾% aus Asien; ¼% ist indirekter Bezug, bei dem der Ursprung unbekannt ist.

Verwendung der Kakaobohnen. Die Kakaobohnen sind das Rohmaterial zur Herstellung der Schokolade, des Kakaos und der Kakaobutter. Die Kakaopräparate werden heute in den Kulturstaaten fabrikmäßig unter Anwendung von sehr komplizierten Maschinen hergestellt. Um die Schokolade zu bereiten, sind folgende sich aneinanderreihende Operationen erforderlich: 1. Sortieren und Reinigen der rohen Bohnen; 2. Rösten oder Brennen der gereinigten Bohnen; 3. Brechen und Entschälen der gerösteten Bohnen; 4. Mischen der Bohnen verschiedener Sorten (mit Rücksicht auf den Geschmack); 5. Mahlen der gerösteten und zerkleinerten Bohnen unter Beimengung derjenigen Substanzen (Zucker, Gewürze, Medikamente), aus denen die Schokolade bestehen soll; 6. Formen, Entluften und Teilen der Schokoladen; 7. Erstarren der fertigen Schokolade.

Bis 4. einschließlich ist die Herstellung des entölten und aufgeschlossenen Kakaos die gleiche wie bei der Schokolade. Die gemahlene Kakaomasse wird durch Abpressen eines Teiles ihres Fettes, der Kakaobutter, beraubt (entölter Kakao), dieser Kakao dann weiter mit Alkalien oder mit Dampf behandelt, aufgeschlossen (aufgeschlossener Kakao). Zum Schluss muss der Kakao getrocknet und pulverisiert werden.

Das Rösten oder Brennen der Bohnen geschieht bei 130–140°C. Die Schokoladefarbe der Nibs tritt deutlicher hervor und das Aroma entwickelt sich kräftiger, durch das Austrocknen wird die Samenschale spröde und löst sich beim Brechen der Bohnen leicht los. Mittels Luftzugs werden die Schalen von dem Bruch getrennt. Die auf Glockenmühlen feingemahlene Kakaomasse wird auf besonderen Maschinen unter Anwendung höherer Temperatur ganz fein zerrieben und innig mit den beizumengenden Substanzen vermischt; dann wird die erwärmte Masse in Formen aus Weißblech gefüllt, die auseinandergenommen werden, wenn die Masse erkaltet ist. Je schneller die Schokolade erkaltet, umso schöner ist sie im Bruche, da dann die Kakaobutter, welche bei gewöhnlicher Temperatur fest ist, nur in kleinen Kristallen erstarrt. Die besseren Sorten Schokolade werden in Stanniol eingeschlagen, wodurch das Aroma konserviert und das Ranzigwerden vermieden wird. Die Schokoladefigürchen werden mit einer alkoholischen Lösung von Benzoëharz bepinselt, um ihnen ein glänzendes Aussehen zu geben und sie vor dem Verschimmeln zu schützen. Schokolade muss natürlich in kühlen und trockenen Lagerräumen aufgehoben werben.

Die Kakaobutter wird bei Herstellung des entölten Kakaos unter Anwendung von Wärme und hydraulischen Pressen gewonnen. Man entzieht hierbei dem Kakao so viel Fett, dass ihm 20–30% bleiben. Durch das Aufschließen des Kakaos, wofür sich nur das holländische Verfahren (van Houten) mit Pottasche bewährt hat, wird Aussehen, Geruch und Geschmack des Kakaos verbessert. Das Alkali zerspaltet ein Glykosid, wodurch Kakaogerbsäure, welche sich mit dem Alkali verbindet und dem Kakao eine rötlichbraune Färbung verleiht, etwas Stärkezucker und etwas Theobromin entsteht.

Der Kakao, auch der aufgeschlossene Kakao, gibt mit Wasser natürlich niemals eine Lösung, sondern immer nur eine Aufschlemmung, welche umso besser ist, je länger sich die Teilchen in der Schwebe halten. Hierbei spielt das Fett eine wichtige Rolle. Die Suspension ist vollkommener bei dem aufgeschlossenen als bei dem entölten Kakao.

Die Kakaopräparate werden in Papier verpackt oder in Blechbüchsen eingeschlossen in den Handel gebracht.

Schokolade und Kakao sind auch der Verfälschung ausgesetzt. Sie sollen aus reiner Kakaomasse bestehen und nur die Beimengungen enthalten, welche auf der Etikette verzeichnet sind. Als häufigere Verfälschungsmittel kommen für beide in Betracht die Samenschalen des Kakaos und Stärkemehl, für Schokolade außerdem ein Zusatz fremdartigen Fettes. Die Vanilleschokolade soll häufig anstatt Vanille Perubalsam enthalten. Die Verfälschungen werden teils mit dem Mikroskop (Zusatz von Schalen, Stärkemehl, Abwesenheit von Vanille), teils durch die chemische Analyse (fremdartige Fette) nachgewiesen.

6. Kolanuss

Die Kolanüsse sind die Keimlinge, oder, wenn es sich um das getrocknete Produkt handelt, die Keimblätter mehrerer Arten der Gattung *Cola* aus der Familie der Sterculiaceen. Die Kola steht in verwandtschaftlicher Beziehung dem Kakaobaum sehr nahe und hat mit ihm mancherlei Gemeinsames.

Der Kolabaum wird 8–15m hoch; seine Blätter sind glänzend dunkelgrün, an beiden Enden zugespitzt, zuweilen fußlang, oft aber auch kaum halb so lang; die Breite schwankt etwa zwischen 7 und 10cm. Die Blattspreiten sind meist ganzrandig, fiedernervig und stehen auf 8–9cm langen, an beiden Enden knotig verdickten Blattstielen. Ähnlich wie beim Kakaobaum entspringen die Blütenrispen häufig aus dem alten, aber blattlosen Holz und tragen zahlreiche, teils männliche, teils weibliche Blüten. Die Blumenkrone fehlt, der Kelch ist glockig, fünf bis sechsspaltig, 1cm breit, von gelblichgrüner oder weißer Farbe, oft mit purpurnem Rande. Die männlichen Blüten zeigen in der Mitte eine aus 10–12 zusammengewachsenen ringförmig angeordneten Staubgefäßen bestehende Säule, welche bei verschiedenen Arten eine verschiedenartige Ausgestaltung erfährt. Die Artunterschiede werden ferner auf die verschiedene Gestaltung der Narbe in den weiblichen Blüten gegründet. Aus ihrem fünf- bis sechsfächerigen Fruchtknoten geht 5–6 Monate nach der Blüte eine sternförmige Frucht hervor, deren Teilfrüchte Balgkapseln sind. Die Größe der Früchte variiert nach der Art und den Wachstumsverhältnissen. Die auf den Antillen sorgfältig kultivierte Kolanuss wird größer als die wildwachsende in Afrika. Die Farbe der

frischen Frucht ist grün in verschiedenen Nuancen, die Kamerunfrüchte werden nach kurzer Zeit braun. Die innere Fruchtschale ist beim Aufbrechen reinweiß; an der Luft wird sie binnen wenigen Minuten gelblich, nach längerer Zeit (nach Tagen) braun. Die Teilfrüchte springen an der Bauchnaht auf, an der die Samen in zwei gleich- oder ungleichzähligen Reihen sitzen. Die Zahl der Samen kann nach Individuen und Arten zwischen 3 und 8 schwanken. Wie beim Kakao sind die Samen in ein Fruchtfleisch eingebettet. Es ist weiß, die äußere Seite ist fettglänzend, ähnlich frischem Rinderfett, das durch weiße Därme durchschillert. Das Fruchtfleisch schmeckt süßlich-sauer und strömt ein Aroma aus bei den Kamerun-Kolanüssen nach Maréchal Niel-Rosen, bei den Agege-Kolanüssen nach Borsdorfer Äpfeln. Die Samenschale ist dünn und weiß und umschließt den Keimling, der je nach der Art zwei oder vier bis fünf Keimblätter besitzt. Mit der Zahl wechselt auch die Gestalt der Keimblätter. Die Größenverhältnisse der Nüsse sind nicht nur bei verschiedenen Arten, sondern selbst in einer und derselben Kapsel ungleich. Allgemein zutreffende Angaben über die Größe der Nüsse lassen sich demgemäß nicht machen. Die verhältnismäßig flachen Nüsse von *Cola vera K. Schum* mögen etwa 4,5cm lang und 3cm breit sein. Man unterscheidet rote und weiße Nüsse; sie rühren aber nicht von verschiedenen Pflanzen her, sondern in einer und derselben Kapsel können sich rote und weiße Nüsse und alle Farbenübergänge zwischen beiden finden.

Von der Gattung *Cola* sind einige dreißig Arten bekannt; die meisten kommen in Westafrika, namentlich in Kamerun und Gabun vor, *Cola clavata* hingegen im Nyassalande und *Cola natalensis* in Natal, während *Cola cordifolia* von Senegambien und Togoland bis zum Ghasalquellgebiete in Zentralafrika verbreitet ist. Nur eine sehr beschränkte Zahl von Arten unter den in Westafrika vorkommenden liefert genießbare Kolanüsse. Ihr Verbreitungsgebiet erstreckt sich zwischen dem 11°n. Br. und dem 5°s. Br. von Rio Nunez im Westen bis nach Loango im Süden. Die für den afrikanischen Handel wertvolleren Kolanüsse werden in Nord-Guinea gewonnen, während die aus Süd-Guinea mehr lokale Bedeutung haben, sich aber auch wie die anderen für den Export nach Europa eignen. Das Verbreitungsgebiet der einzelnen Arten steht noch nicht genau fest. Ebenso steht zu erwarten, dass manche Arten noch in mehrere Arten oder wenigstens in mehrere Varietäten aufgelöst werden, wenn man erst Gelegenheit hat, die Stammpflanzen der betreffenden Kolanüsse näher zu untersuchen, wie denn schon der Nachweis geführt werden konnte, da die Kolanuss von der Goldküste einer anderen Art (resp. Varietät) als die von Sierra Leone angehört.

Die Arten mit zwei Keimblättern kommen von der westlichen Verbreitungsgrenze der Kolanuss bis zum Niger und eventl. noch darüber hinaus vor. *Cola vera* kommt vorwiegend in Sierra Leone und im Hinterlande, *Cola sublobata* an der Goldküste vor. Die vier bis fünf Keimblätter besitzende *Cola acuminata* ist südlich vom Niger verbreitet und kommt auch westlich von demselben bis nach Dahomey vor. Hier wird sie als Abatakolanuss bezeichnet, während die Nüsse mit zwei Keimlappen in Lagos und

auf den Märkten des Porubalandes den Namen Gbanjakolanuss führen. Die Gbanja-kolanuss wird besonders von den Negern der Haussastaaten, die Abatakolanuss von den Yorubaleuten gekaut – denn das ist die Form, in welcher die Neger die Kolanuss genießen. Ihre Vorliebe für dieselbe ist auch die Veranlassung geworden, dass man den Kolabaum auf den Antillen und in den nördlichen Teilen von Südamerika ver-breitet und angepflanzt hat. In Nord-Guinea geht der Kolabaum ungleich dicht an die Küste heran; die wichtigsten Produktionsgebiete liegen etwas weiter landeinwärts, doch nimmt das ganze Verbreitungsgebiet nur wenige Breitengrade ein. Die *Cola acu-minata* soll sich auf der Ostseite des Busens von Guinea weit ins Innere des äquato-rialen Waldgebietes erstrecken; sie ist häufig in Kamerun, in ganz Gabun, Loango, im Kongogebiet, ferner auf den Inseln Fernando Po, Principé und St. Thomé.

Obanja-Kolafrucht. (Cola vera Sch.)
(Nach Bergenau, Studien über die Kolanuss im Yorubalande. Tropenpflanzer 8)

Die Kolanüsse werden hauptsächlich von wilden Bäumen gewonnen. Plantagenbetrieb ist erst seit kurzem begonnen worden, eröffnet aber sehr gute Aussichten, da die Kolanüsse heute noch bezahlt werden. Da noch keine ausreichenden Erfahrungen vorliegen, wird die Kultur zunächst nach dem Muster der Kakaokultur betrieben.

Originalpackung für Kolanüsse. Inhalt 750-1000 kg.
(Nach Bernegau, *Studien über die Kolanuss im Yorubalande. Tropenpflanuer 8.)*

Die kommerzielle Bedeutung der Kolanuss liegt heute noch im innerafrikanischen Handel. Aus den Produktionsgebieten Sierra Leone und Liberia mit dem Hinterlande der Mandingos und der Goldküste mit Aschanti wird die Kolanuss nach dem Innern Afrikas, den Haussastaaten und weiter durch die Wüste hindurch nach den afrikanischen Mittelmeerländern verschickt; doch soll der letztere Handel infolge des wachsenden Bedarfes in den Haussaländern sehr nachgelassen haben. Der Export erfolgt von Senegambien aus nach Timbuktu und von Aschanti und Lagos aus nach Kano im Sokotoreiche. Letzterer Ort ist der Hauptmarkt für die Haussastaaten. An der Verschiffung beteiligen sich die verschiedenen Hafenplätze der Nordküste des

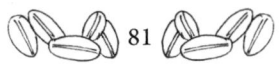

Busens von Guinea, Freetown in Sierra Leone, Cape Coast Castle, Akkre, Konakry, Porto Novo, Lome, Monrovia. Lagos bezieht die Kolanüsse vorwiegend von der Goldküste, einen Teil auch aus Sierra Leone. Die Hauptmasse des Hauptexportes von Sierra Leone geht nach Senegambien (Bathurst und Gambia). Lagos ist für die Versorgung der Haussastaaten mit Kolanuss der wichtigste Hafenplatz. Hier treffen die frischen Nüsse in großen mit Zeug verschnürten Körben verpackt ein, mit einem Bruttogewicht von 700–1000kg. Die Nüsse werden von den Eingeborenen, in deren Händen der gesamte Kolahandel liegt, zu kleineren Lasten umgepackt, welche von Eseln getragen werden, nachdem sie mit der Eisenbahn bis Jbadan befördert worden sind. Jeder Esel trägt zwei meistens in Kano angefertigte Körbe á 40–50kg Nüsse.

An dem Export der Kolanüsse nach Europa beteiligen sich außer den namhaft gemachten Häfen auch die Hafenplätze der Kolonien in Süd-Guinea, also Duala und Victoria (Kamerun), Gabun und Eloby, da für die europäischen Konsumzwecke diese Kolaart ebenso gut verwendbar ist wie die anderen Arten.

Die Kolanuss kann nur im frischen Zustande gekaut werden; die Verpackungsweise ist darauf gerichtet, die Nüsse möglichst lange frisch zu erhalten. Die aus den gepflückten Früchten herausgenommenen Samen lässt man zunächst einige Tage liegen, weil dann die Samenschale erweicht und durch Waschen leichter zu beseitigen ist. Sie muss vollkommen entfernt werden. Ist das Waschwasser abgetropft, können die Nüsse verpackt werden, doch müssen die beschädigten und wurmstichigen sorgfältig ausgelesen werden, damit sie die gesunden Nüsse nicht verderben. Die Körbe werden mit saftigen Blättern ausgekleidet und die Nüsse eingefüllt, oder letztere werden vorher einzeln in Blätter eingewickelt. Die Nüsse werden mit Blättern bedeckt und die Körbe dann mit Zeug verschnürt. In diesem Zustande sollen sich die Nüsse monatelang halten, noch besser halten sie sich, wenn sie alle Monate umgepackt und mit frischem Wasser abgewaschen werden. Für den Versand nach Europa im frischen Zustande wählt man in Afrika dieselbe Verpackung; doch werden die meisten Nüsse dorthin im getrockneten Zustande geschickt. In Afrika selbst wird die getrocknete Kolanuss nur als Notbehelf benutzt; sie wird dann gemahlen und wie Kakao genossen.

Für den Neger kommt beim Genuss der Kolanuss in erster Linie die Erleichterung der Muskelarbeit in Beirat. Durch den hohen Gehalt an Alkaloiden, wie er aus der Analyse in der Einleitung ersichtlich ist, und durch den Gehalt an Kolarot, welches sich leicht in Zucker, Koffein und Gerbstoff spaltet, besitzt er die sogenannten stoffsparenden oder wenigstens Hunger und Durst vertreibenden Eigenschaften in höherem Maße als Kaffee und Tee. Korpsstabsapotheker Bernegau schreibt, dass er die erfrischende Wirkung des Kolakauens bei sich weder durch Kaffee noch Teeaufgüsse erreichen könne. Beim Kauprozesse würde sehr viel Speichel gebildet, wodurch das Kolakauen sehr durstlöschend wirke, was sich namentlich die Mohammedaner auf ihren Märschen im Innern Afrikas und der Wüste zunutze machten.

Diese guten Eigenschaften der Kolanuss haben natürlich die Aufmerksamkeit der wissenschaftlichen Welt auf sich gelenkt; es sind Versuche gemacht worden, um die Vorzüge dieses Genussmittels auch uns Europäern zugute kommen zu lassen. Zunächst hat man die Kola für medizinische Zwecke in Form von Pastillen eingeführt. Durch den hohen Koffeingehalt ist sie ein gutes Mittel gegen gewisse Kopfschmerzen und Verdauungsstörungen.

Seit zwanzig Jahren ist man aber auch bestrebt, die Kola als Genussmittel bei uns einzubürgern. Natürlich kann sie nur in der Form des Kakaos Verwendung finden. Eines unangenehmen muffigen Geschmackes wegen soll es unmöglich sein, sie rein zu genießen. Angeblich soll man diesen Geschmack beseitigt oder gemildert haben durch Vermischung der Kola mit Kakao oder Schokolade. Dass man damit aber nicht das Richtige getroffen hat, wird dadurch bewiesen, dass sie sich bisher nicht eingebürgert hat. Man hat nun die Beobachtung gemacht, dass dieser muffige Geschmack durchaus keine besondere Eigentümlichkeit der Kola ist, dass er sowohl der frischen wie der sorgfältig getrockneten Kolanuss fehlt. Er rührt vielmehr von der Art und Weise her, wie die getrocknete Kolanuss verschifft wird. Sie wird, in Säcken verpackt, zusammen mit Palmkernen im Schiffsraum verstaut. Die Palmkerne sind feucht und fangen an zu gären, wodurch die Kolanüsse gleichfalls feucht werden und einen guten Nährboden für Schimmelpilze abgeben. Der muffige Geschmack ist demnach die Folge einer teilweisen Zersetzung der Nüsse. Man ist nun auf den Gedanken gekommen, die Kolanuss schon in Afrika zu verarbeiten, um den muffigen Geschmack zu vermeiden. Nach einem Verfahren des Korpsstabsapothekers Bernegau kann man aus den Nüssen ein Extrakt etwa von der Konsistenz des Liebigschen Fleischertraktes herstellen, das alle charakteristischen und wertvollen Eigenschaften der Kola enthält. Das Extrakt soll verschifft und zur Herstellung der Kolapräparate in Europa Verwendung finden. Es enthält nach der Analyse 11 ½% Reinkoffein. Aus ihm würde man die Kolapastillen, den Kolakakao und die Kolaschokolade herstellen. Frischer oder kondensierter Milch zugesetzt, soll es eine vorzüglich schmackhafte und erfrischende Kolamilch liefern. Aus der frischen Kolanuss kann man durch Behandeln mit Rotwein einen sehr schmackhaften Kolawein gewinnen. Nach den Angaben von Bernegau soll sich die frische Kolanuss besser als die getrocknete zur Herstellung des Extraktes eignen, auch lassen sich sowohl die Nüsse mit zwei wie mit mehreren Keimblättern dazu verwenden. Um dies Verfahren der Extraktgewinnung praktisch auszuprobieren, ist von Bernegau 1904 in Victoria (Kamerun) eine Besuchsanstalt eingerichtet worden. Wenn es gelingt, dies Extrakt billig genug in Kamerun herzustellen, so würde, da es verhältnismäßig höhere Spesen vertragen kann als die frischen oder getrockneten Nüsse, die Möglichkeit einer preiswerten Herstellung von Kolapräparaten, denen der muffige Geschmack nicht anhaftet, gegeben sein, und es würde sich für dieses Genussmittel in Deutschland eine bedeutende Zukunft eröffnen können.

Wichtigere benutzte Literatur

Semler, Tropische Agrikultur. 2. Aufl. Bd. 1. Wismar.

Preuß, Expedition nach Zentral- und Südamerika 1899/1900. Berlin, Kolonial-Wirtschaftliches Komiee 1901.

Wilhelm Carvens jr., Kaffee, Kultur, Handel und Bereitung im Produktionslande. Carl Brandes, Hannover 1905.

Kaiserliches Gesundheitsamt. Der Kaffee. Berlin, Julius Springer 1903.

H. F. Nicolai, Der Kaffee und seine Ersatzmittel. Braunschweig, Friedrich Sieweg und Sohn 1901.

Karl Lehmann, Die Fabrikation des Surrogatkaffees und der Tafelsenf. 2. Aufl. Wien, Pest, Leipzig, U. Hartlebens Verlag 1893.

St. Louis World's Fair Ceylon Handbook 1904. Colombo, George I. U. Steen.

Neger und Vanino, Der Paraguay-Tee (Yerba-Mate). Stuttgart, Fr. Grub 1903.

Ludwig Kindt, Die Kultur des Kakaobaums und seine Schädlinge. Hamburg, C. Boysen 1904.

Paul Zipperer, Die Schokolade-Fabrikation. Berlin, Fischer's technologischer Verlag. M. Krayer 1889.

Tropenpflanzer, Zeitschrift für tropische Landwirtschaft. Organ des Kolonial-Wirtschaftlichen Komitees. Herausgegeben von D. Warburg und F. Wohltmann. Bd. 1 bis auf die Gegenwart. Diese Zeitschrift enthält Artikel über alle behandelten 5 Genussmittel.

U. Wieler, Die Kolanuss. Die Warenkunde. 1. Jahrg. Heft 1. 1905.

Der Kaffee

Poesie und Prosa

Vorwort

So nehmt es hin, dies Büchlein klein und schlicht,
Das von dem deutschen Lieblingstranke spricht,
Das jetzt in wenig farbenreichen Bildern
Versucht des Kaffees Werdegang zu schildern.
Als er, ein Fremdling noch, einst zu uns kam
Und seinen Weg zu Hoch und Niedrig nahm,
Da zürnte man dem seltenen Exoten.
Und hier und da geächtet und verboten,
Brach er sich dennoch seine Siegesbahn
Und kein Verbot hat ihm 'was angetan.
Nicht nur ins deutsche Haus ist er gedrungen;
Die halbe Welt hat er für sich bezwungen.
Die Wissenschaft hat sich mit ihm befasst
Und ihn verteidigt, den man so gehasst,
Mit unumstößlich glänzenden Beweisen,
Gestrebt die Kraft des Koffeins zu preisen,
Des Koffeins, durch das der Trank gewinnt,
Das nervenstärkend durch den Körper rinnt.
So trägt ein Jeder jetzt nach ihm Begehren
Und nimmer mag der Deutsche ihn entbehren.
Er ist Gemeingut, gilt bei Arm und Reich
Für gern gesehen und auf gleich und gleich!
Aus ihm allein ist ein Genuss zu holen,
Drum sei er denn aufs Innigste empfohlen!

 85

Der Kaffeebaum

Der Maronit Noiron einst erzählte:
„Ein Derwisch, der Arabien erwählte

Zum Aufenthalte, saß vor seiner Hütte,
Die ärmlich war und eng wie eine Bitte.

Er schaute immerfort nach seinen Ziegen,
Die früh empor auf jene Berge stiegen,

Wo leichte, blaue Schleierwolken hingen,
Dass sie dem Auge fast verloren gingen.

Da sprangen sie auf einmal frisch und munter
Die Felsen abwärts und ins Tal herunter,

Und her zu ihm. Sie meckerten und hüpften
Wie toll um ihn herum und sie entschlüpften

Sobald er kam, sie in den Stall zu jagen,
Bis sie zuletzt dem Derwisch unterlagen.

Es war ihm neu, die Tiere so zu sehen,
Und er beschloss, der Ursach' nachzugehen.

Am nächsten Tage sollte es sich zeigen!
Die Tiere fraßen lustig von den Zweigen

Der Bäumchen, die sich leicht im Winde schlugen,
Und mit den Blüten auch schon Früchte trugen.

Der Derwisch naschte auch. Nach kurzer Pause
Führt' ihn der Weg zurück nach seiner Klause.

Er wurde fröhlich, seltsam sein Benehmen,
Er wusste seine Zunge kaum zu zähmen.

Den Nachbarn fiel das auf. Ein Derwisch fragte,
Was mit ihm sei. Der Aufgeregte sagte,

Wie ihm geschehen war. Der Sache nachzuspüren
Beschloss man nun. Der Derwisch sollte führen.

Und bald geschah's, dass sie die Gegend fanden,
Wo jene selt'nen Wunderbäume standen.

Sie kosteten die Frucht. Bald war auch ihnen
Der munt're Geist der Heiterkeit erschienen,

So dass sie vor Geschwätz sich kaum verstanden;
Es war der Kaffeebaum, den sie dort fanden.

Bald wussten sie den Trank sich zu bereiten
Und den Genuss des Kaffees auszubreiten."

Prof. Dr. Schmiedeberg bemerkt in seinem 1912 bei B.G. Teubner, Leipzig, erschienenen Buche „Arzneimittel und Genußmittel" über die Ausbreitung des Kaffees folgendes: „Unter den Genussmitteln haben Kaffee, Tee und Schokolade, deren wirksame Bestandteile in neuerer Zeit auch als Arzneimittel eine wichtige Rolle spielen, eine fast uneingeschränkte universelle Bedeutung und übertreffen in dieser Beziehung weit die alkoholischen Getränke. Sie nehmen im Welthandel eine beherrschende Stellung ein und ihre Verbreitung ist eine fast unbegrenzte. In allen Zonen der Erde, die nicht von rohen Naturvölkern bewohnt werden, sind Christen, Juden, Mohammedaner, Buddhisten ihrem Genuss ergeben, keine Menschenrasse, kein Geschlecht, kaum ein Lebensalter ist davon ausgeschlossen!"

Mokka

Fünfzehnhundertvierundfünfzig,
Unter Solimann dem Zweiten,
Suchte in Konstantinopel
Sich der Kaffee auszubreiten.

Sultan Solimann gewährte
Seiner Einfuhr freie Wege;
Und so fand der Kaffeehandel
Bei den Türken gute Pflege.

Schams und Hakem aus Damaskus,
Aus Aleppo, treu und bieder,
Ließen sich als Kaffeewirte
In der Stadt des Sultans nieder.

Bauten sich mit hohen Kosten
Eine reich verzierte Klause,
Und die Muselmanen strömten
Also nach dem Kaffeehause.

Um bei Spielen und Gesängen,
Bei der Instrumente Tönen,
Ihre Sorgen zu vergessen
Und dem Mokkatrank zu fröhnen,

Sodass sie bei dem Genusse
Sich an Tag und Nacht nicht kehrten
Und den Ruf der Minarette,
Der Mu'ezzin überhörten.

Schams und Hakem sind schon lange,
Lange Zeit nicht mehr am Leben;
Doch dem Mokkatrank noch immer
Ist der Muselmann ergeben.

In einer Abhandlung von Professor Dr. Erich Harnack, Halle a. S., „Über den koffeinfreien Kaffee" in Nr. 45 der „Deutschen Medizinischen Wochenschrift" ist folgende Bemerkung zu lesen: „Auf die alles Maß und Ziel überschreitende Agitation gegen die spirituösen Genussmittel folgte bald eine solche gegen die koffeinhaltigen, ja die letztere ist eigentlich erst als Frucht der ersteren gezeitigt worden. Das Gruseligmachen vor dem „Gift" hat dazu geführt, dass man gleichsam kastrierte Genussmittel – sit venia verbo – hergestellt und dem Publikum angeboten hat. Den nikotinfreien Zigarren und den alkoholfreien Weinen und Bieren ist der koffeinfreie Kaffee gefolgt. Mit nicht unberechtigtem Spott meint Cluß in seiner beachtenswerten Schrift über die Alkoholfrage, es fehle nur noch die Züchtung reizfreier Weiber, und das höchste Ideal des Asketen und Abstinenzlers wäre erreicht."

Die erste Probe

Der ehrsame Handelsherr Hervano führte
Ein Spezereigeshäft zu Merseburg,
Und wie sich's für den Handelsherrn gebührte,
Ließ er das Neue unprobiert nicht durch.

So schickte ihm ein Freund, mit großem Lobe,
Zur Prüfung etwas Niegeseh'nes ein;
Von eingeführtem Kaffee eine Probe,
Sie sollte, wie er schrieb, das Neuste sein.

Auch hat der Freund wie folgt sich ausgesprochen:
„Nicht grob gestoßen darf der Kaffee sein,
In heißem Wasser lasse man ihn kochen;
So zubereitet schmeckt er wirklich fein!"

Der Handelsherr nun reichte mit dem Schreiben
Die Probe seiner Hausfrau lächelnd hin,
Und bat sie drum die Sache zu betreiben;
Da sprach die stolze Frau Patrizierin:

„Mit Wasser diesen Kaffee zu bereiten,
Mein Herr Gemahl, das find' ich doch nicht fein!
Das ist für uns wahrhaftig zu bescheiden,
Besteht Ihr drauf, so lass ich's lieber sein!"

Fleischbrühe hat sie sich alsbald genommen
Und darin nun den Kaffee aufgekocht;
Wie dieser Trank der stolzen Frau bekommen,
Das zu berichten hat kein Buch vermocht.

Bei der Zubereitung des Kaffees spielt die Beschaffenheit des Wassers eine große Rolle; es darf nur frischkochendes verwendet werden. Hartem Wasser füge man ganz wenig Natron und Salz bei, und zwar im Moment des Aufkochens. Zum Kaffee gehört eine gute Sahne oder gute Milch. Sind diese nicht absolut rein, so ist alle Feinheit des Kaffees verdorben.

Friedrich der Große

Der Kaffee wurde einst im Preußenlande
Als ein Exot im Handel eingeführt,
Im feinen Hause wie im armen Stande
Nahm er die Stelle ein, die ihm gebührt.
Der große König aber war dagegen,
Ihn dauerte das weggeworfene Geld,
Er war nicht für den Kaffee zu bewegen
Und hatte bald auch ein Verbot gestellt.
Es hieß darin: Man schädige die Brauer
Und trinke statt des Kaffees wieder Bier,
Denn sein Genuss sei schädlich für die
    Dauer
Und auch das Geld blieb dann im Lande
    hier
Besonders fühle sich der König hier be-
    wogen

Schroff gegen diesen Kaffeetrank zu sein,
Er selbst wär' nur mit Suppe aufgezogen,
Die sei gesund und schlage besser ein!
Und allerorts war der Erlass zu finden
Man las ihn mehrmals, schüttelte den Kopf,
Und ohne sich an das Verbot zu binden,
Saß man daheim bei seinem Kaffeetopf.
Es wirkte das Verbot wie eine Fessel
Die dem Genuss geheimen Reiz verlieh;
Und auch wo anders brodelte der Kessel
Beim großen Könige in Sanssouci.
Bald war die Furcht vor dem Erlass ge-
    schwunden,
Der Handel wagte sich ganz frei heraus
Rasch hat der Kaffee seinen Weg gefunden
In alle Gaue und in jedes Haus!

Im Jahre 1911 veröffentlichte Prof. Dr. Erich Harnack in dem Organ für amtliche und praktische Ärzte: „Münchener Medizinische Wochenschrift" Nr. 35 eine Abhandlung: „Über die besonderen Eigenarten des Kaffeegetränkes und das Thumsche Verfahren zur Kaffeereinigung und Verbesserung." Eingangs derselben wird gesagt: „Die koffeinhaltigen Getränke beherrschen nicht nur den Welthandel, sie haben auch wiederholt in der Weltgeschichte eine Rolle gespielt.War es doch der Tee, der zum Abfalle der jetzigen Vereinigten Staaten Nordamerikas vom englischen Mutterlande den Anstoß gab, und war es doch fast gleichzeitig der Kaffee, der den großen Friedrich nahezu der Liebe und des Vertrauens seiner Untertanen beraubt hätte!"

Napoleon

Nachts in seinem Kabinette sitzt und schreibt Napoleon,
Durch die Fenster dringt der erste Schein der Morgendämm'rung schon.
Finster sind des Kaisers Züge, und vor Arbeit sieht er nicht,
Wie das erste Frührotleuchten durch die Bogenfenster bricht.
Da tritt Rustan, leis und ängstlich, in des Kaisers Kabinett,
Eine Tasse starker Mokka dampft auf goldenem Tablett.
Bonaparte schlürft begierig seinen vielgeliebten Saft
Er hält ihm die Augen offen und gibt neue Geisteskraft.
Dann reicht er die leere Schale wortlos seinem Mameluk,
Und vergräbt sich in die Arbeit. Doch ein banger, schwerer Druck
Lastet auf des Kaisers Seele. Und ein unnennbares Weh
Mahnt ihn an die weiten Felder Russlands und an ihren Schnee.
Sieht er seinen Stern erbleichen, wanken seine Dynastie?
Nein, nur neue Regimenter braucht und fordert sein Genie!
Und er wird den Freunden zeigen, dass er fest und sicher steht,
Dass er bald wie Blitz und Donner auf die Feinde niedergeht!
Wieder tritt ihm Rustan näher mit dem goldenen Tablett
Spät am Morgen legt der Kaiser müde sich aufs Ruhebett.

Prof. Dr. S c h m i e d e b e r g , Direktor des pharmakologischen Instituts an der Universität Straßburg spricht sich in seinem Buche: „A r z n e i m i t t e l   u n d   G e n u ß - m i t t e l " (B. G. Teubner, Leipzig 1912) folgendermaßen aus: „Das Eigenartige ihrer Wirkung besteht darin, dass Muskeln und Nerven gleichzeitig die Fähigkeit erlangen, leichter in Tätigkeit versetzt zu werden. Wenn jemand, während er sich anstrengen muss, die genannten Genussmittel oder Koffein und Theobromin in anderer Form zu sich nimmt, s o   s c h w i n d e t   o d e r   v e r m i n d e r t   s i c h   d a s   G e f ü h l   d e r E r m ü d u n g , und er kann leichter als vorher, d.h. ohne übermäßige Anspannung seines Willens, die Muskeln in Tätigkeit versetzen und seinem Körper neue Anstrengungen zumuten. Willensstärker wird der Mensch dabei nicht und neue Kräfte erlangen seine Muskeln ebenfalls nicht, nur ihre A u s n ü t z u n g   w i r d   e r l e i c h t e r t bei gleicher Stärke der Willensimpulse.

Beethoven

Seit am Abend hat der große Meister
An den Herd sich langsam hinbegeben,
Will die abgespannten Lebensgeister
Durch den Reiz des Kaffees neu beleben.

Seiner Schaffnerin selbst will's nicht glücken
Ihm nach Wunsch den Kaffee zu bereiten,
Ihm, dem Meister, der in allen Stücken
Sonst so anspruchslos ist und bescheiden.

Eifrig müht er sich am Feuerherde,
Kocht die duftende, zerstoß'ne Masse
Dass ihr Trank auch gut und kräftig werde,
Nahm er sechzig Bohnen auf die Tasse.

Und bald hat der Töne großer Meister
Seinen Trank bereitet und getrunken
Nun entzünden die erregten Geister
Leuchtender den fast verlosch'nen Funken.

In seiner Schrift: „Die Physiologie des Kaffees" sagt Dr. van Troy: Koffein greift das Gehirn an, es erregt die Zentren, so fließen von hier dem ermüdeten Muskel neue Impulse zu, die ihn wieder aktionsfähig machen; der Blutdruck im ganzen Organismus steigt, die Atmung vertieft sich und wird ausgiebiger. Die Gefäße des Gehirns erweitern sich, füllen sich mit mehr Blut und setzen das Zentralorgan in Stand, erhöhte geistige Arbeit zu leisten. Damit sind wir bei der eigentlichen physischen Wirkung des Kaffees angelangt. Er steigert bedeutend die geistige Leistungsfähigkeit; die Urteilsfähigkeit wird verstärkt, und die Aufnahme- und Reaktionsgeschwindigkeit auf Reize, die von der Außenwelt zum Gehirn dringen, verkürzt.

Surrogate

Im Dorfwirtshause saß der Präsident
Von Frankreich, einst vom Volke auserkoren,
Herr Grévy wars. Da ihn der Wirt nicht kennt
Sind sie alsbald in ein Gespräch verloren.

Herr Grévy trägt nach Kaffee ein Begehr,
Spricht mit dem Wirt von Kaffeesurrogaten,
Fragt: „Habt Ihr solche? – Nun so bringt sie her
Und zeigt sie mir!" – Der Wirt kommt arg beladen

Zum Präsident. Und er lacht herzlich auf
Wie sich der Wirt bereit macht, sie zu zeigen
Herr Grévy hält sie fest und fragt darauf:
„Ist Euch auch nicht ein Stäubchen mehr zu eigen?

Ich liebe, mein Herr Wirt, dergleichen nicht,
Ich bin kein Freund von Euren Surrogaten,
Weil ihnen Kraft und Koffein gebricht
Und sie anstatt zu nützen uns nur schaden!"

Der Wirt ve2rsetzt: „Herr, alles hab' ich hier."
Er tritt zurück und wartet nun bescheiden;
„Gut, sagt der Präsident, dann bitt ich mir
Jetzt eine Tasse Kaffee zu bereiten!"

In seiner Festschrift zum 200-jähr. Jubiläum des Kaffees in Österreich und Deutsch-land (Berlin und Leipzig, Verlag von Fr. Thiel 1885) schreibt in seinem Vorwort, S. VII Dr. Heinrich Boehnke-Reich wie folgt: Bleibt ihm treu, Ihr jungen, weniger jungen und nicht mehr ganz jungen Kaffeeschwestern, ihm, diesem edlen, wackeren, erprobten Geliebten! Liebt ihn, aber liebt ihn stets rein und ohne alle egoistische Bei-mischung. Verbannt jedwede Cichorie, Runkelrübe oder Gerste. Wie der Wein nicht an zu vielem S a u e r s t o f f, so darf der Kaffee nicht an zu vielem W a s s e r s t o f f leiden oder gar möhrumschlungen sein. Machet auch nicht aus sechs Bohnen neun Tassen, auf dass nicht die Leute hingehen und sprechen, so ihr nicht dabei seid: „Eure Tasse Kaffee ist keine Bohne wert!"

Carus-Verlag Berlin

**Allerley Nützliches und Kurioses
über den Kaffee
aus alter und neuer Zeit**

Die Macht der Wollust

ist sehr groß / als welche die ganze Welt mit Gewalt wegführet und wegschleppet. Sie ist die Delila / welche die stärksten und tapfersten unter allen Menschen / so schwach als kleine Kinder gemacht. Diese angenehme Betriegerin/ so Lust oder Ergetzlichkeit heißet / findet man gemeiniglich in dem köstlichen Coffee-Getränke. Sie stürzt diejenigen / welchen sie schmeichelt / ins Verderben /wegen einer geringen Lust bekommt man wohl tausenderlei Schmerzen. Man muß über kurz oder lang für die Ergetzlichkeit des Coffees teuer bezahlen. Die Ergetzung ist die gefährliche Lockpeife / welche verursachet / dass wir den Angel verschlingen / womit wir gefangen werden von dem Feinde unser Seligkeit und Gesundheit.

Was den Coffee beliebt macht / sollte ihn verhasst machen.

Anno 1707

94

Aus dem Lexikon des Joh. Friedr. Bleditsch

Anno 1731

Coffee, Choava, Cavé, ist ein baumigtes Bohnengewächse / welches sehr häufig in dem glückseligen Arabien und sonderlich, in Wedra / in offenen Feldern ohne dass es gepflanzet wird / in Schalen wächset. Die Frucht ist in der Größe ablänglicht / rund wie Oliven und bleibet so lange an den Bäumen hangen / bis die Schalen von sich selbst anfangen zu bersten. Wenn sie gepflücket seyn / werden sie von den Landleuten in die Städte gebracht / von Kamelen ins Land getragen und verkaufet.

Den Gebrauch dieses Trankes sollen die Menschen von den Tieren gelernet haben, und zwar auf folgende Art: Es war in Arabien ein Zirthe / welcher auf den Bergen eine Herde Ziegen hütete. Dieser klagte einstmals einem Geistlichen / dass sein Vieh / wider seine Gewohnheit / die ganze Nacht gewacht und in dem Stalle herumgesprungen sey. Der Prior desselben Convents / der sich nicht darein schicken konnte / aber doch vermeynete / dass es von der Fütterung herkommen müsse / e x a m i - n i r t e mit großem Fleiß denjenigen Ort / da das Vieh den Tag zuvor geweidet hatte / und befand hierauf / dass da selbst einige kleine Bäumgen stunden / von deren Frucht das Vieh gefressen hatte.

Er nahm also auch von dieser Frucht / ließ sie in Wasser kochen und nachdem er davon getrunken / befand er sich ebenfalls ganz ermuntert. Er *recommendirte* auch diesen Trank seinen Geistlichen / damit sie in der Metten nicht so sehr schlafen möchten. Hierauf erfund man täglich mehrern Nutzen / den diese Frucht bei sich spüren ließ. Und es ward dieser Trank bei den Türken so gemein / dass man auch versichern will / sie pflegen für ein paar Geistlichen / die bei Erfindung dieser Frucht sonderlich bemühet gewesen namens Sciadli und Aidrus in einem besonderen Gebete zu bitten.

Aber man sollte fast glauben / dass der Coffee zu Zeiten des Königs David bekannt gewesen ist / denn im *Stich von Martin Engelbrecht, Augsburg 1730*

Buche *Samuelis cap.* 17 wird gemeldet / dass die Freunde des Königs verschiedene erquickliche Sachen brachten so als da sind / getrucknete Bohnen / wer sollte da nicht glauben / dass damit der Coffee gemeynt sey/ weil nicht von *liquores* aber dennoch dazu Schalen und andere Gefäße gegeben werden / womit man ohne Zweifel die Ropchen / aus denen der Coffee getrunken wird / verstehen muss.

Satirisches Flugblatt über das Kaffeetrinken aus dem Jahre 1750

Bericht des Kanzlers Baconis aus dem fernen Türkenlande
Anno 1630

Bey denen Türken hat man eine Art von Bewächsen / Caffé genannt / welches sie abdörren und zu Pulver stoßen / hernachmals in warm Wasser thun/ damit ein Trank draus werde/ hierveongedenken sie einen Muth und scharfe Sinnen zu bekommen; allein/ wenn man ihn unmäßig brauchet so macht er nur den Kopf täm-

 96

mich und verwirrt / daher wir dann sehen / dass solch Gewächse mit unter die *Somnifera* oder schlafbringende Artzney gehöre.

Was große Herren sind/ die bedienen dieses Trankes eher nicht / als bis sie das frühstücke eingenommen / welches ihnen dann auch statt der rechten Mittags-Mahlzeit seyn könnte. Die Rauff- und Handwercks-Leute nehmen erst etwas Brot zu sich welches eben darum gebacken und Futier genennt wird; dieses Brot sieht in der Gestalt / ebenso aus wie bey uns der Zwieback. Mit einem Worte: es trinket weder Reich noch Arm: von dem Caffé / wenn sie nicht zuerst was Speise genossen haben; denn sie halten gänzlich davor / dass dieser Trank / wo man ihn ungessen oder nüchtern brauchet nicht nur selbst zu lauter Galle

Türkinnen beim Kaffeetrinken. Stich von Le Hay 1744

werde / sondern auch noch alles / was er im Magen findet / in Galle verwandele / denselben abzehre / schwäche und ausleere / alle Gliedmaßen schwer und ungelenck mache / die natürliche Lust zu Essen benehme / das Gemüthe mit Ungeduld / Angst und Bangigkeit überhäufte / und endlich den gantzen Leib darnieder werfe.

Heilsamer Rath wider den Missbrauch der hitzigen Getränke und insonderheit des Caffee-Trankes
Des gelahrten Doctoris medicinae M. Duncan von der Facultät zu Montpellier (1707)

Der Kaffee wurde zuerst nur als *medicinen* gebraucht, solange er unangenehm war: / Aber nachdem er mit Zucker gar lieblich und angenehm gemacht worden ist / so machet man Gift daraus / So ist es etzlichen Menschen dienlich / aber der Kaffeefreund gibt vor / er sey allen Menschen nütze und förderlich / Der Missbrauch dieses Getränkes hat schier überhand genommen und die ganze Welt überschwemmet.

Eyne Ratte würde wohl kaum ARSENICUM essen/ wenn es nicht mit Zucker vermischet wäre / das lieblichste Gift ist derowegen das allergefährlichste Gift / das unliebliche warnet genugsam vor seiner Schädlichkeit / durch seine widerliche I m p r e s s i o n / die es machet.

Die Qualität oder Beschaffenheit des Caffees macht ihn allen denjenigen schäd-

 97

lich / so eyn hitziges oder dünnes Geblüte haben. Die Ergötzlichkeit / so sie davon haben / müssen sie theuer bezahlen.

Eyn Mensch / der keyn Maß hält ist nicht ungleich eyner Kerzen so an beyden Enden brennet.

Wir leben nur von eyner gang mäßigen Wärme / wir sterben aber meistenteils von eyner unmäßigen Hintze / eine Flamme verzehret so das Öl / Wachs / und Unschlitt so sie erhält / Also verzehret auch das Lebensfeuer das h u m i d u m *radicale* / oder die Lebensfeuchtigkeit so es unterhält / Unser Leib ist nichts / als eyn Haufen *sulphur* oder Schwefel (oder Geisterlein) und flüchtiger Salze / deren Vereinigung das L e b e n / deren Trennung aber den Tod verursachet / haltet euren Leib nur frisch und kühle / dann wird er allezeyt gesund bleiben / Denn es gehet mit dem Geblüte her /wie mit dem gebrannten Wein/ davon nichts weiter übrig bleibt / als eyne wasserige Flüssigkeit / und Weinstein wenn der *sulphur* verrauchet ist. Wenn man sich etliche Tage des Schlafens enthält / so geschwellen auch dem gesundesten Menschen die Beine und Füße / Caffee verursacht selbige / und diejenige welche ihn missbrauchen / dürfen nur ihre eygene Erfahrung zu Rate ziehn

/ damit sie der W a h r h e i t überzeuget werden. Ihre flache Händ und Fußsohlen sind brennend heiß / es deucht ihnen / als ob ihr Leib von tausend Nadeln gestochen würde / als wenn sie auf Dornen lägen / Es träumet ihnen nur von Zänckereyen / Gefechten und Feuersbrünsten.

Caffee aber macht diejenigen sterben / so ihn missbrauchen /er verursacht anfänglich eyne Fröhlichkeit / aber diese endet sich gar bald in eyne große und profunde Melancholey. Es verhält sich in der Tat so / dass diejenigen / so des Caffees genießen / mit dem Zittern der Glieder geplaget sind / auch werden sie weit eher als andere Leut genöthiget / sich eyner Brille oder eynes Hornes zu bedienen / so den Mangel des Gesichtes und Gehörs zu ersetzen.

Kaffeeverkäufer.
Stich aus M. de. Ferriol: Cent Stampes 1744.

 98

Die Luft so man bey dem Gebrauch des Caffees suchet / lässet bey den meisten Menschen nicht zu / dass sie eynen Argwohn dawider fassen. Caffee ist deswegen nicht ohnschädlich / dieweil man ihn dafür hält / um eben dieser Ursach Willen wollte ich ihm desto weniger trauen. Ein F e i n d den man für eynen F r e u n d hält / tötet nur desto sicherer. Schlägt der Feind langsam / so schlägt er desto gewisser / ein heftiger Streich aber warnet uns vorher / auf dass wir uns vorsehen sollen / und verfehlet so seines Zweckes.

Auf wie wie Vielerley Art / der Kaffee zu kochen und zu trinken ist
Aus dem Speisebüchlein, 1705

Erstlich muss man haben eine große Kanne mit eynem Röhrchen/ sie mag von Zinn oder auch von Kupfer / so inwendig verzinnet ist / gemacht seyn: man nehme dazu gemeiniglich einen Kessel von zwey Maaß Wasser / den setze mit Regenwasser über Feuer / selbiges zu kochen / und / nachdem ich die *tinctura* schwach oder stark haben will / thu ich eyn Loth oder anderthalb von dem Coffeepulver dazu.

Wenn er wohl aufgekocht ist / ziehe ich es vom Feuer ab / und lasse es eyn wenig stehen / damit das Pulver sich zu Grunde geben könne. Unter dessen werden die Röppchen und Schüsselchen herbey gesetzt / in welche man durch das Röhrchen der Kanne den klaren braunen Coffee Trank schenket / um denselben so warm / als man es leiden kann / in sich zu trinken.

Einige / ja viele Menschen gebrauchen bei dem Coffee Zucker oder Honig / weil aber dieses den Trank nicht verbessert / sondern verschlimmert / kann ich wahrlich nicht dazu raten / d e n n es machet unser Geblüte zähe / drum ist es das Beste / solches fahren zu lassen.

Einige Menschen noch etwas darunter von Zimmer und Cardamom / die Reichen schütten dazu Zucker mit grauen Ambra vermischet / welches nicht ohne Annehmlichkeit genützet wird.

Auch sind eynige / die den Coffee ins kalte Wasser tun / und lassen es zusammen kochen / hernach setzen sie es vom Feuer / und trinken es ganz schlorfende in sich. *Stich von Martin Engelbrecht, Augsburg 1730.*

Fran Immerdurst geborne Kaffeelieb
Vorsteherin der großen Kaffeeschwestern-Gesellschaft

Was gleicht dir edler Bohnensaft?
Wo ist ein Trank der solche Kraft
Dem Menschen könnte geben?
Trinkt gleich mein Mann Hans Immerdurst,
Zwölf Kannen Bier zu Brod und Wurst,
Der Kaffee bleibt mein Leben.

Verordnung gegen den Kaffee im Jahre 1774

Van Gottes Gnaden

Win Friedrich, Landgraf zu Hessen, Fürst zu Bersfeld, Graf zu Bakonellenhagen, Diez, Ziegen-
hayn, Didda, Schaumburg und Hanau etc./ Ritter des Königl. Groß-Brittanischen Ordens vom
Blauen Hosenbunde, wie auch des Königl. Preusischen Ordens vom Schwarzen Adler etc.

Damit die gegen den Missbrauch des *Caffé* und der *Chocolade* ergangene heilsame
Verordnungen nach ihrem ganzen Inhalt desto pünktlicher gehandhabet, und alle
Gelegenheiten zu denen hier wieder angehenden *Excessen* angeschnitten werden; so
finden wir ferner nötig, dieselbe in folgender Maße zu erweitern und schärfen.

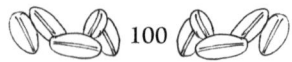

§1 Soll in den Landstädten und auf dem platten Lande gar kein Caffé oder *Chocolade*-Krämer mehr geduldet, noch von diesen Getränken etwas daselbst verkauft werden gestalten die *Honoratiores* ihren *Caffé en Gros*, und wenigstens Viertel-Centnerweise in den Hauptstädten ankaufen können.

§2 Nicht weniger sollen die an solchen Orten wohnenden Wirte als welchen zwar denen Fremden und Durchreisenden *Passagiers*, auch denen in der Ordnung *Exmittirten Honoriatioribus Caffé* vorzusetzen nach wie vor erlaubt, andere *Caffé*-Gelage aber bey sich zu verstatten, oder *Caffé* zu verkaufen ein für alle Mal verboten bleibt, ein gleiches zu thun schuldig seyn.

§3 Es soll außer der gegen den unerlaubten Verkauf und *Respective* Gebrauch des *Caffé* und der *Chocolade* in denen Ordnungen festgesetzten Strafen der *Delinquent*, wann er ein Bauer ist, oder auch die Knechte und Mägde, annoch um einen Rthlr., ein Bürger oder auch ein *Livrée*-Bedienter um fünf Rthlr., und einer, welcher mehr als ein gemeiner Bürger ist, jedoch unter den Untergerichten stehet, um zehn Rthlr. überhin gestraft, und diese Geldstrafe dem *Denuncianten* zur Belohnung gegeben werden. Wonach sich also jedermann in denen ihn betreffenden Fällen unterthänigst zu richten hat.

Urkundlich unserer eigenhändigen Unterschrift und beygedruckten fürstlichen *Secret*-Insiegels

Cassel d. 5. April 1774

Friedrich L. zu Hessen

Die Kaffeetrinker. Gendarme des Landgrafen von Hessen durchsuchen die Häuser nach verbotenem Kaffee.

Ein ergötzlicher Briefwechsel aus dem Jahre 1637

Monsieur très honoré Hervanno
Inhaber der Großhandlung
Hervanos seelig Wittig zu Merseburg

Da wir nunmehro solange in ordentlicher und einbarer Geschäftsverbindung gestanden, so ermangele ich nicht, euch gleichzeitig mit diesem eine Probe von dem hier in Amsterdam so schnell eingeführten und beliebt gewordenen „Koffeyi" einzuschicken und bitte euch, eurer wohlehrbaren Hausfrau anzuempfehlen, diese Körner fein zu mahlen oder zu zerstoßen und dann in Wasser kochen zu wollen. Ich bitte Euch dann, mir eure Meinung schreiben zu wollen. Euer wohlgewogener

van Snuiten
Amsterdam, Maimonat 1637

Dies liebenswürdige Schreiben gelangte in die Hände des braven Kaufmanns und dieser zeigte voll Freuden das Geschenk des Geschäftsfreundes seiner stattlichen Hausfrau. Selbige aber warf den Kopf in den Nacken und sagte: „Was glaubt denn dieser Herr van Snuiten von dem, was einem Merseburger Bürger ziemet. Wasser, o nein, ich werde die schwarzen Bohnen mit einer kräftigen Fleischbrühe aufkochen." So geschah's, aber wie dieser seltsame Trank dem Kaufmann und seiner stolzen Gemahlin samt Befinde bekam, zeigt folgender Brief, der eine Antwort des Herrn van Snuiten auf eine Geschäftsbestellung des Merseburger Kaufmanns ist:

Ich verzichte auf eine Geschäftsverbindung von welcher ich für meinen guten Willen nur Grobheiten hören muss. Wenn euer ganzes Personal nach Genuss von diesem vorzüglichen „Koffeyi" krank geworden ist, und ihr mir „16 g. Groschen" für Purgiermittel in Anrechnung bringen wollt, so muss ich mir das ernstens verbitten. Ich habe bereits 5 Ballen „Koffeyi" nach Leipzig verladen lassen, und jeder, der davon getrunken, lobt es. Ein Beweis, dass die Leipziger einen feineren Geschmack haben als ihr groben Merseburger. Und damit Gott befohlen.

van Snuiten
Amsterdam, Sept. 1637

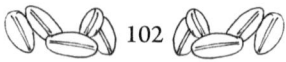 102

La Belle Limonadiére. Franz. Stich 1810

Die Historie des Kaffees und der Kaffee-Häuser in aller Welt

Man fand eines Tages, in unserer Zeit, in der Nähe der Stadt Frankfurt am Main, in Zedoernheim, wo früher die Villa Gadrians war, in der Erde eine von Rost zerfressene Blechbüchse mit gebrannten Kaffeebohnen (und zwar Doppelbohnen, so wie wir sie nicht kennen). So wurde eine alte Vermutung bestätigt, die die Kenntnis des Kaffees schon im Altertum angenommen hatte. In Assyrien, Yiniveh und Äthiopien soll das Kaffeetrinken, arabischen Quellen zufolge, schon 1000 Jahre vor Christo beliebt gewesen sein. In nachantiker Zeit ist der Kaffee in Europa durch die Reisebeschreibung des deutschen Arztes R a u m w o l f im Jahre 1573 bekannt geworden. 1615 ward der Lame „Kaffee" von *Pietro della Balle* zum ersten Male genannt. 1669 kam der türkische Gesandte Solima A g a nach Paris und führte dort den Kaffee als Getränk ein.

   In England kannte man schon 1624 dies Getränk und 1652 eröffnete in London ein gewisser L l o y d ein Kaffeehaus, das bald zum Mittelpunkt des gesellschaftlichen und geschäftlichen Lebens wurde. Da es gegenüber der Börse lag, wurde es von den Maklern und Versicherungsagenten als Geschäftsraum benutzt, später siedelte Lloyds Kaffeehaus ganz in die Börse über und wurde das weltbekannte Lloyds Versicherungsbüro in London. 1672 wurde in Paris das erste Kaffeehaus von dem Armenier Pascal errichtet und 1689 das berühmte Kaffee Procop, in welchem später Männer wie L a f o n t a i n e , R o u s s e a u und V o l t a i r e verkehrten. Im Jahre 1700 soll es schon einige hundert Cafés in Paris gegeben haben.

In Österreich wurde im Jahre 1683 das erste Wiener Kaffeehaus von dem Polen *Rolschitzki* eröffnet. Und zwar geschah das unter sehr merkwürdigen Umständen. Die Türken hatten nämlich Wien belagert und wurden durch Sobieski vertrieben. Die Verbindung zwischen dem Kaiser von Österreich und dem Polenkönig Sobieki stellte der junge Rolschitzki her, der sich aus dem belagerten Wien durch das Lager der Türken schlich und durch seinen Mut zur Befreiung der Stadt beitrug. Nach dem Siege erbat sich der Pole Rolschitzki als Belohnung aus, die von den Türken in großen Mengen zurückgelassenen Kaffee-Säcke zu erhalten und benutzte die Vorräte, um in Wien ein Kaffeehaus zu errichten. So entstand das erste Wiener Kaffeehaus.

Richters Kaffeehaus in Leipzig. 18. Jahrhundert

Die Meinung des Herrn Brillat Savarin über den Kaffee
Aus Physiologie des Geschmacks 1825

Es leidet keinen Zweifel, dass der Kaffee einen stark erregenden Einfluss auf das Gehirnleben ausübt. Daher büßt auch jeder, der ihn trinkt, einen Teil seines Schlummers ein. Ich habe beobachtet, dass die Personen, die der Kaffee nachts nicht am

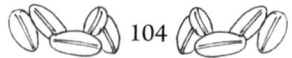

Schlafen hindert, seiner bedürfen, um sich tagsüber wach zu halten und abends unfehlbar einschlafen, wenn sie nicht nach Tische eine Tasse zu sich genommen haben.

Der Kaffee ist ein weit wirksameres Getränk als man gemeiniglich annimmt. Ein gut organisierter Mensch kann bei einem täglichen Genusse von zwei Flaschen Wein lange Zeit leben. Bei der gleichen Quantität Kaffee aber würde dieser Mensch nicht so lange aushalten: er würde stumpfsinnig werden oder an der Auszehrung sterben. In London sah ich auf dem Leicester-Platze einen Menschen, den unmäßiger Kaffee-Genuss fast zur Kugel zusammengekrümmt hatte. Für alle Eltern der Welt ist es eine Pflicht, ihren Kindern den Kaffee aufs strengste zu verbieten, wenn sie nicht kleine, trockne, verkümmerte Maschinen aus ihnen machen wollen, die schon mit zwanzig Jahren alt sind. Ich für meine Person gehöre zu denen, die auf den Kaffee haben verzichten müssen, da ich mich eines Tages völlig in seiner Gewalt befand.

Eine Bürgersfrau von München 19. Jahrh.

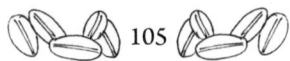

Junges Mädchen aus Ischl. Schabkunstblatt 19. Jahrh.

Eine wahre Begebenheit aus dem Jahre 1839

Aus dem „Courier für die Gebildete Welt"

Es waren gar lustige Gesellen, die sich am vorigen Sonntag in dem Caffée unserer Stadt zusammenfanden. Aber ein unseeliges Verhängnis sollte diese fröhliche Gesellschaft belehren, dass es zu nichts Gutem führt, wenn Übermut und Witz die Oberhand über Verstand und Vernunft bekommen.

Man saß plaudernd zusammen, da behauptete ein junger Bursche, er wette 10 Gulden, dass er ein halbes Pfund Kaffee in einer Tasse gekocht austrinken wolle, und keinen Schaden dabei nehmen würde. Nun stritt man hin und her, die Alten und Besonnenen unter der Gesellschaft warnten den Jüngling, aber die jungen Leute waren begeistert von der Aussicht, eine so interessante Wette austragen zu sehen und holten geschwind Kaffee, der der Wette gemäß zubereitet wurde. Der junge Mensch trank nun die Tasse, in der feinster Kaffee bereitet war, und es schien ihm gut zu schmecken. Aber nach einigen Minuten wurde der junge Mann blass, er musste sich erbrechen, die Augen quollen aus dem Kopf und der Leib geriet in heftige Zuckungen. Die bestürzte Gesellschaft holte schnell einen Arzt herbei, der sich bemühte, den Kranken zu retten. Man befürchtete einen Schlagfluss, und nur durch Anwendung der stärksten Gegengifte gelang es, den jungen Menschen am Leben zu erhalten. Wochenlang schwebte der Bedauernswerte in Lebensgefahr, bis er endlich wieder gesundete.

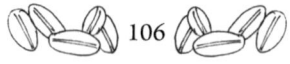

106

Der Nachmittagskaffee. Lithografie von Hosemann 1836

Schlusswort und guter Rat eines Kaffee-Freundes

Diese Exempel mögen genügen, zu zeigen; dass der Kaffee Schaden wohl anrichten könne. Ich habe dies alles gesammelt und vorgezeiget aus Liebe und Eifer für meinen Nächsten.

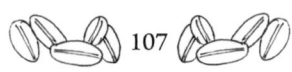

Carl Georg von Maassen

Rund um die Kaffeekanne

Allerlei Betrachtungen
über den Kaffee
und seine Zubereitung

Seiner immer treuen
schwarzäugigen, glutheißen und zuckersüßen
F r e u n d i n ,
der einzigen stets folgsamen, anspruchslosen,
welche nie stört,
aber belebt und erfrischt,
nie lärmt, nie schmollt, nie zankt,
der immer trostspendenden,
bei den schwierigsten Aufgaben seines Berufes
hilfsbereiten
E r m u n t e r i n ,
dem besten Kameraden,
seiner schmucken, zierlich geblümten
Vertrauten im porzellanenen Kleide,
seiner innig geliebten
K a f f e e t a s s e ,
widmet dieses kleine Buch
d e r V e r f a s s e r .

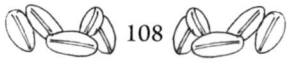

Medizinisches über Kaffeetrinken und Kaffeegeschirr – Ein kurzes Geleitwort

*Die Nahrung erhält,
das Genussmittel erhellt das Leben.*

Darf man, soll man Kaffee trinken? Schon sträubt sich die medizinische Feder! Hemmungen? Nein! Aber doch eine Mahnung. Wie überall im Leben, so auch beim Kaffeegenuss, nichts im Übermaß und stets zur rechten Zeit! Das d a r f man wohl, das s o l l man einem medizinischen Geleitwort dieses Büchleins voranstellen. Und noch eine zweite Mahnung. Kaffee und Tee sind Getränke, die nur körperlich und geistig Gesunde und der Erwachsene zu sich nehmen sollen. Für Kinder und gesundheitlich Labile sind sie nicht zum dauernden Genusse bestimmt. In diesem Sinne seien die nachfolgenden Ausführungen betrachtet.

Zu einer Überängstlichkeit ist keine Veranlassung. Wir haben in der Geschichte – denn Kaffee und Tee sind altehrwürdige Genussmittel – einen mächtigen Bundesgenossen, der dafür zeugt, dass ihr verständiger Gebrauch keine nachweisbaren ungünstigen Einflüsse auf die verschiedensten Völker und Rassen, auch unter weit auseinanderliegenden Himmelstrichen, ausgeübt hat. Das ist beachtenswert.

Kaffee und Tee können, wenn ihnen nicht übermäßige Mengen an Zucker und Milch zugesetzt werden, nicht als Nahrungsmittel bezeichnet werden. Umso bedeutungsvoller ist ihre Rolle als anregende Genussmittel. Mit großer Mühe und Sorgfalt hat man einen, wenn auch noch nicht endgültigen Einblick in ihre wirksamen Bestandteile erhalten. Man kennt das Koffein, das beim Tee Thein genannt wird, sonst aber wesensgleich mit ihm ist, man hat in weit geringerer Menge noch andere Alkaloide aus dem Tee isoliert. Bein Tee spielen zudem Gerbstoffe noch eine große Rolle und beim Kaffee die noch nicht völlig bekannten Röstprodukte. Beiden, Kaffee und Tee, sind dann noch besonders aromatische Stoffe eigentümlich, über deren Art und Wirkung unsere Kenntnisse noch recht lückenhaft sind. Den Feinschmecker hält dies aber nicht ab, sich gerade nach ihrem Vorhandensein nach Duft und Geschmack zusagende Sorten auszuwählen.

Zwar hat die Isolierung einzelner wohlcharakterisierter Stoffe, vor allem des Koffeins, ein tieferes Verständnis für die erfahrungsmäßig beobachteten Wirkungen des Kaffee- und Teegetränkes erbracht, so die der Anregung der Gehirnerregbarkeit, Herabsetzung der Ermüdung, rascherer Gedankenablauf, Anregung des Atemzentrums, weiter die Erhöhung der Herztätigkeit und die Wirkungen auf die Skelettmuskulatur, leichte Steigerung des Blutdrucks und eine Vermehrung der Nierenausscheidung. Doch dürfen darüber die Gesamtwirkungen nicht hintangestellt werden.

Was der Kaffee- und Teetrinker sucht, ist der Genuss. Die vorerwähnten Wirkungen gehen daüber aber doch vielfach hinaus, und so ist der feine Genuss gleichzei-

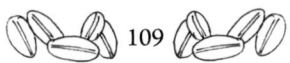 109

tig wohl ein physiologisches Maß der Bekömmlichkeit. Es gilt hier recht fein abzustufen. Manche Gewohnheit im Kaffee- und Teetrinken lässt sich daraus ableiten, so die Zeiten der Aufnahme dieser Getränke, wenigstens bei den westlichen Völkern. Man ersehnt den Frühkaffee, wenn man rasch wach und arbeitsfähig sein will, man nimmt ihn vielfach nach dem Essen und dann auch zumal in konzentrierter Form, als „Mokka", um die Essensmüdigkeit zu überwinden, die Verdauung und Sekretion durch die Röstprodukte anzuregen, und manche meiden ihn, wenn sie tief und gut schlafen wollen. Darüber hinaus ist die Anregung der Geruchs- und Geschmacksempfindung eine begründete Indikation zum Kaffeetrinken. Als flüssige Begleiter einer Reihe von Lebensmitteln von relativ geringem Feuchtigkeitsgehalt, wie Gebäcke usw., die eine zusätzliche Flüssigkeitsaufnahme in angenehmer Form erfordern, sind Kaffee und Tee häufige Ergänzer der Flüssigkeitsaufnahme überhaupt. Das alles wird noch deutlicher, wenn wir bedenken, dass mehr wie 1 Milliarde Menschen den Tee, und eine wenn auch kleinere, aber ebenfalls sehr beträchtliche und immer steigende Menschenzahl den Kaffee zu ihrem Hauptgetränk erkoren haben.

Eine besonders wichtige und namentlich von geistig arbeitenden Menschen gesuchte Wirkung von Kaffee und Tee ist aber ihr Impuls auf die geistigen Funktionen, der von der des Alkohols grundsätzlich verschieden ist. Bei ersteren konnte eine günstige Einwirkung im Sinne einer Erhöhung der geistigen Tätigkeit für bestimmte Zeit festgestellt werden, ein Zustand, der dann wieder zur Norm abklingt, während bei Alkohol bestenfalls durch eine kurze Zeitspanne Anregung stattfindet, worauf eine unverhältnismäßig länger dauernde Abspannung folgt. Leicht kann man durch entsprechende Wahl der verschiedenen Kaffee- und Teesorten und wechselnde Stärke ihrer Zubereitung dem augenblicklichen Bedürfnis Rechnung tragen.

Für den feinen Genusswert hängt aber sehr viel von der Zubereitungsart dieser Getränke ab, was keineswegs zu gering geachtet werden darf. Denn ihre Qualität, selbst aus besten Ausgangsprodukten, leidet nur zu leicht durch ungeeignete Behandlung Schaden. Die Tatsache beispielsweise, dass die Ernte des Tees nicht durch Neger ausgeführt werden kann wegen Übertragung des ihnen rasseeigentümlichen Geruches auf die Teeblätter, zeigt, wie leicht beeinflussbar die feinen Aromastoffe find. Das Aroma des gebrannten Kaffees ist in gleicher Weise sehr empfindlich.

Abgesehen von der Art der Zubereitung ist daher besonders den Gefäßen, in denen sie erfolgt, eine besondere Aufmerksamkeit zu schenken. Im Allgemeinen erfolgt die eigentliche Zubereitung des Tees, in der Hauptsache auch des Kaffees, in einem anderen Gefäße als die Erhitzung des dafür erforderlichen Wassers, die in einem Metallgefäß vorgenommen zu werden pflegt. Hierbei ist einerseits darauf zu achten, dass dem Wasser nicht ein störender Beigeschmack („Metallgeschmack") verliehen wird, andererseits empfiehlt es sich, wegen des dauernden Gebrauches solche Metalle zu wählen, welche physiologisch keine Bedenken erregen, wie z.B. Aluminium oder durch gute Emaille geschützte Gefäße. In diesem Gefäß soll ferner immer n u r das Wasser für

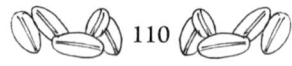

Kaffee und Tee gekocht werden, sonst nichts. Zur Säuberung genügt dann nach jeweiligem Gebrauch ein Ausspülen mit reinem Wasser. So wird ein intensives Scheuern des Gefäßes vermieden, wodurch das blanke Gefäßmetall jederzeit wieder bloßgelegt würde und erneut dem Angriff des Wassers mehr oder weniger preisgegeben wäre. Natürlich sind ganz besonders geschmackabgebende Metallscheuermittel peinlichst zu meiden.

Die Bereitung des Kaffee- und Teegetränkes (Aufguss- bzw. Kochverfahren; darüber später) in Metallgefäßen umgeht man aus geschmacklichen Gründen nach Möglichkeit ganz, weil eine wechselseitige Einwirkung von Metall und Aromastoffen bzw. Geschmackstoffen schlecht vermeidbar ist. Dafür hat man das mit Recht hochgeschätzte, saubere Porzellan, das in seiner altbewährten Freundschaft zu den blumigen, duftenden, schmeckenden und riechenden Inhaltsstoffen unserer lieben Freunde, Kaffee und Tee, schlechterdings von keinem anderen Werkstoff übertroffen werden kann.

Professor Dr.med. et phil. F. Fischler, München

Vorrede des Verfassers

Der anspruchslose Titel dieses Büchleins spricht wohl schon deutlich genug aus, dass es sich hier nicht um ein abschließendes Werk über den Kaffee handelt. Es enthält allerlei bunte Aufsätze über den Kaffee, welche den großen Stoff nicht erschöpfen wollen. Die Literatur über den Kaffee, dem Verfasser nur zum kleinsten Teile bekannt, ist im Verlauf von drei Jahrhunderten gewaltig angewachsen; sie fachmännisch zu studieren, würde sich nur für einen ausgesprochenen Spezialisten verlohnen. Überdies wollte der Verfasser in dieser kleinen Schrift, die er später einmal weiter auszubauen gedenkt, nicht alles aufwärmen, was in Hunderten von Büchern und Aufsätzen über den Kaffee bis zum Überdruss immer und immer wieder gesagt worden ist. So hat er auch auf alles Historische, Naturwissenschaftliche, Merkantilische und Statistische verzichtet. Aber er hat dafür gar manches Neue, Unbeachtete und Unbekannte gebracht, das Resultat eigner Forschung, und dies wird dem Büchlein wohl einen gewissen Wert verleihen.

Der Abschnitt „Merkwürdige Kaffeehäuser" ist mit Erlaubnis des Transmare-Verlages in Berlin des Verfassers gastronomischem Vademecum „Weisheit des Essens" entnommen. Er passt besser in vorliegende Schrift und wird bei einer Neuauflage nicht wieder in dem genannten Buche abgedruckt werden.

M ü n c h e n , am 1. Oktober 1930
C. G. v. Maassen

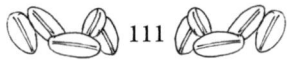 111

Der Kaffee in der Welt des Geistes

Eine Bemerkung möchte ich gleich vorausschicken: Wenn ich überhaupt vom Kaffee spreche, dann handelt es sich, sollte es nicht ausdrücklich anders vermerkt sein, stets um einen guten, einen vorzüglichen Kaffee. Nicht etwa um einen, wie ihn jene ominöse Wirtin einmal einem Gaste vorzusetzen beliebte. Sie fragte ihn beim Einschenken: „Wie trinken Sie den Kaffee, mit oder ohne Milch? – Der Gast antwortete: „Wenn er gut ist, trinke ich ihn ohne Milch lieber, schlechten pflege ich aber mit Milch zu trinken." Die Wirtin geriet in sichtbare Verlegenheit und wusste nicht, was sie tun sollte. Ihre Eitelkeit siegte jedoch; und sie schenkte dem Gaste den Kaffee ein, ohne Milch zuzugießen. Allein kaum hatte ihn der Fremde gekostet, als er zu ihrer Beschämung die Tasse mit den Worten zurückreichte: „Ach, bitte, gießen Sie mir doch ein wenig Milch hinzu!"

Als Bismarck im Jahre 1870 ein französisches Gasthaus betrat, fragte er den Wirt, ob er Kaffeeersatz im Hause habe. „Jawohl", entgegnete dieser, „ich habe etwas davon." – „Bringen Sie mir bitte allen, den Sie haben!" Der Wirt ging und brachte den Kaffeeersatz herbei. Bismarck fasste die Büchse fest in eine Hand und sagte dann: „So, nun gehen Sie und kochen Sie mir einen guten Kaffee!"

Will man seinen Kaffee so haben, wie er einem am besten schmeckt, dann kocht man ihn klugerweise selbst. Das tat sogar der König von Frankreich, Ludwig XV. Auch Beethoven bereitete den Frühstückskaffee eigenhändig in einer Glasmaschine. Unsere moderne Kona-Maschine mit der Glaskugel ist schon über hundert Jahre alt. Der große Tonkünstler nahm auf jede Tasse 60 gezählte Bohnen, was etwa einem halben Lot entspricht. Kaffee war Beethovens unentbehrliches Lieblingsgetränk, von dem er ganz erstaunliche Mengen zu sich nehmen konnte. In dieser Hinsicht übertraf ihn aber Voltaire, der es auf 72 Tassen am Tage brachte. Man sagte ihm einmal, dass Kaffee ein langsames Gift sei, worauf Voltaire entgegnete: er wisse das bereits seit 80 Jahren, denn so lange tränke er nun schon Kaffee. Von bloßen Rekordtrinkern kann hier, im Angesichte der heiligen Dichtkunst, natürlich nicht gesprochen werden, sonst müssten wir den heutigen Weltmeister im Kaffeetrinken an die Spitze stellen, nämlich den Mister Gemock aus Cleveland, der es fertigbrachte, in zwölf Stunden 85 große Tassen Kaffee zu trinken.

Leidenschaftliche Kaffeefreunde von Rang und Namen gab und gibt es natürlich in Menge: Friedrich den Großen zum Beispiel, der das edle Getränk aber dem *profanum vulgus* entzog, indem er es mit hohen Abgaben belegte. Als Gegenstücke nennen wir den französischen Revolutionär Marat und den Kaiser Napoleon, der ihn als Kampfmittel gegen die Müdigkeit gebrauchte. Der namhafte Mediziner William Harvey, der Entdecker des Blutkreislaufes (1578–1658), war ein enthusiasmierter Verehrer des Kaffees, obwohl er ihn, der ja erst 1626 nach Europa kam, nur im höheren Alter kennengelernt haben konnte. Harvey vermachte 56 Pfund Sterling dem Londoner Ärztekollegium, um ihm die Annehmlichkeit zu verschaffen, sich allmonatlich einmal bei dem geschätzten Tranke zusammenzufinden. Ebenso liebte Immanuel Kant den Kaffee, den er auch erst in älteren Jahren kennenlernte.

Es ist doch nicht allein das wundervolle Aroma, sondern in erster Linie die geistbelebende Kraft des Kaffees, die ihn allen sensitiven Menschen so wert macht. Der bedeutende Arzt und Physiologe Jakob Moleschott schrieb in seiner „Physiologie der Nahrungsmittel" vom Jahre 1850: „Während der Tee vorzugsweise die Urteilskraft erweckt und dieser Tätigkeit ein Gefühl von Heiterkeit zugesellt, wirkt der Kaffee zwar auch auf das Denkvermögen erregend, jedoch nicht ohne zugleich der Einbildungskraft eine viel größere Lebhaftigkeit zu erteilen. Die Empfänglichkeit für Sinneseindrücke wird durch den Kaffee erhöht, daher einerseits die Beobachtung gesteigert, auf der anderen Seite aber auch die Urteilskraft geschärft, und die belebte Phantasie lässt sinnliche Wahrnehmungen durch Schlussfolgerungen rascher bestimmte Gestalten annehmen. Es entsteht ein gewisser Drang zur Produktivität, ein Treiben der Gedanken und Vorstellungen, eine Beweglichkeit und eine Glut in den Wünschen und Idealen, welche mehr der Gestaltung bereits durchdachter Ideen als der ruhigen Prüfung neu entstandener Gedanken günstig ist."

Wenn wir diese trefflich formulierte Beobachtung eines bedeutenden Arztes lesen – und welcher Kaffeetrinker von geistigem Format wird ihr nicht lebhaft zustimmen –, dann verstehen wir nicht, wie der Kaffee unseren Altmeister Goethe in eine „ganz eigene triste Stimmung" versetzen konnte, ebenso wenig aber, dass der von Goethe nach Tilch genossene Kaffee mit Milch „die Funktion seiner Eingeweide völlig aufgehoben" haben soll, um ihn dadurch in „eine große Beängstigung" zu versetzen. Merkwürdigerweise hatte schon Lessing in seiner „Minna von Barnhelm" dem Kaffee eine ähnliche Eigenschaft untergeschoben, denn er lässt in der ersten Szene des vierten Aktes die Zofe Franziska sagen: „Hier kommt eine Nahrung, bei der man eher Grillen machen kann. Der liebe melancholische Kaffee!" Und selbst Friedrich Nietzsche ruft in seinem „Ecce homo" aus: „Nur kein Kaffee! Kaffee verdüstert!" Was mögen diese Geistesheroen bloß für einen Kaffee getrunken haben! Nein, tausendfältige Erfahrung spricht gegen eine deprimierende Wirkung des Kaffees. Stets, auch im 18. Jahrhundert, war die Ansicht allgemein, dass der Kaffee ein wirksames Mittel gegen die Traurigkeit sei. Das geht u.a. aus den „Anecdotes parisiennes" hervor, in denen von einer Dame erzählt wird, welche die Nachricht erhielt, dass ihr Gatte in der Schlacht gefallen sei. „Ich Unglückliche", rief sie aus, „Schnell eine Portion Kaffee!" Sie trank einige Tassen und war, wie es dort heißt, sogleich getröstet. – Nach Pietro della Valle soll schon Homer des Kaffees unter dem Namen Nepenthes als eines Mittels Erwähnung getan haben, dessen sich Helena bediente, um die Schwermut damit zu vertreiben. Dass die sonst stumpfsinnigen Armenier durch ihre Beschäftigung bei den großen orientalischen Kaffeestampfen ein geistig gewecktes Aussehen erhielten, ist vielen Reisenden aufgefallen.

Was nun Goethes Beobachtung anlangt, der Kaffee hebe die Funktionen der Eingeweide völlig auf, so lassen sich dagegen unzählige gegenteilige Erfahrungen anführen. Schon der berühmte Hamburger Arzt Johann August Unzer sagt 1760 in seiner damals weitverbreiteten Zeitschrift „Der Arzt": „Es ist bekannt, dass man den Kaffee als ein Mittel gebraucht, die Leibesöffnung zu befördern." Ebenso ist Unzer der Meinung, dass der Kaffee das Gemüt erheitere. In einer alten arabischen Ode heißt es vom Kaffee: „Jede Sorge verschwindet, wenn du unsere Lippen labst. Kein Kummer kann vor dir bestehen und aller Gram muss sich vor deiner Macht beugen."

Ein recht neckisches Lobgedicht in Gestalt einer Kantate schrieb in der ersten Hälfte des 18. Jahrhunderts Christian Friedrich Henrici unter dem Namen Picander. Hierin lautet eine „Aria": „Ey! wie schmeckt der Caffe süße, / Lieblicher als tausend Küsse, / Milder als Muskatenwein. / Caffe, Caffe muss ich haben; / Und wenn jemand mich will laben, / Ach, so schenkt mir Caffe ein!"

Etwas später schrieb der anmutige Anakreontiker Johann Nikolaus Götz ein amouröses Gedicht auf diesen „Göttertrank", welcher der lieblichen Belinde nicht nur ihre „schwarzen Sorgen bestreiten", sondern sie sogar der Liebe zugänglich machen solle. Und galant vergleicht der Dichter die Haarfarbe der Geliebten mit dem „braunen Nektar". Als „Nahrung edler Geister, aller Sorgen Meister" bezeichnet ums Jahr 1770 der kurbayerische Hofpoet Matthias Ettenhueber den Kaffee und macht sich dadurch eines schamlosen Plagiats schuldig, denn schon ein halbes Jahrhundert vorher hatte Johann Christian Günther sein „Lob des Knaster-Tobacks" mit den gleichen Worten begonnen. 1778 ließ Josef Edler von Retzer im „Almanach der deutschen Musen" einen begeisterten Rundgesang auf den Kaffee ertönen, worin die fünfte Strophe lautete: „Wer wird dich wunderbar nicht nennen, / Kaffee? Du bist ja mein Prophet: / Was die Propheten selbst nicht kennen / Und der Zigeuner nicht versteht, / Das weissagt der Kaffee."

Ein großer Freund der Tobakspfeife wie des Kaffees war auch der Lyriker Johann Peter Uz in Ansbach; aber auf sein Lieblingsgetränk, den Kaffee, hat er merkwürdigerweise kein einziges Gedicht gemacht, jedenfalls ist mir keines bekannt. Auf einem alten Gemälde, das ihn lesend am Tische darstellt, hat er eine lange holländische Gipspfeife in der Linken, während ein zierliches Kaffeetässchen nebst Kännchen neben ihm steht.

Ein „Lob des Kaffees" in pathetischer Prosa, aber mit herzlich unoriginellen Metaphern, brachte der Stuttgarter Friedrich Christof Weisser 1805 in seinen „Kleinen Satyren und Tändeleyen", und ebenso haben noch manche andere Dichter dem „Tranke, den die Levante zeugt", ihre mehr oder weniger poetische aufgeplusterte Anerkennung gezollt.

Vielen, sehr vielen Dichtern war der Kaffee ein unerlässlicher Förderer ihrer Meditationen. Dem weltbekannten Verfasser der „Wolfsmärchen der Deutschen" Johann Carl August Musäus war der Kaffee, ebenso wie der Tabak, ein unentbehrliches Stimu-

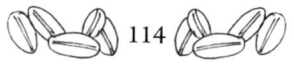

lans bei der nächtlichen Arbeit. Der englische Dichter Alexander Pope, der behauptet hatte, dass erst der Kaffee die Politiker weise mache, pflegte den Dunst des Kaffees als Mittel gegen sein ständiges Kopfweh einzuschnupfen, wie er auch sonst dieses Getränks so wenig entraten konnte, dass er tief in der Nacht seine Bedienung zum Kaffeemachen aus dem Bette holte.

„Unserm Jean Paul ging nichts über seinen Morgenkaffee, den er gegen sieben Uhr früh, eine Viertelstunde nach dem Aufstehen, allein in seinem Zimmer, auf der Ottomane liegend und dabei lesend, einzunehmen liebte. Ende April des Jahres 1800 schrieb Charlotte von Stein ihrem Sohne, dass sechzehn Tassen Kaffee für Jean Paul das gewohnte Quantum wären. Goethe stellte einmal, im September 1798, an Schiller die Frage, woher er die Stimmung zu einem gewissen Gedicht für dessen Almanach nehmen solle; hinzufügend: „Denn da hat mir neulich Freund Richter [nämlich Jean Paul] ganz andere Lichter aufgesteckt, indem er mich versicherte, dass es mit der Stimmung Narrenspossen seien, er brauche nur Kaffee zu trinken, um so gerade von heiler Haut Sachen zu schreiben, worüber die Christenheit sich entzücke.‟

Nach Eduard Dullers Bericht waren zu einem Zusammensein mit seinem Freunde Christian Dietrich Grabbe, dem genialen Dramatiker, stets folgende Requisiten nötig: Kaffee oder eine Flasche Rüdesheimer, Zigarren, Licht und Manuskript. Aber der Alkohol hat bei Grabbe bekanntlich doch den Sieg über den Kaffee davongetragen. Anders bei Nikolaus Lenau, der ein ganz fanatischer Kaffeevertilger war. Er lag bis mittags im Bette und trank, nach authentischer Versicherung seines Freundes Alexander von Sternberg, ein Unmaß stärksten Kaffees: „Alles, um diesen orientalisch brütenden, in ungewissen Bildern spielenden Dichtertiefsinn in sich zu erzeugen.‟ Das ging schließlich so weit, dass Lenau in eine Art Kaffeesäuferwahnsinn verfiel.

Der Thüringer Ludwig Bechstein, dessen Andenken als Schriftsteller sich eigentlich nur noch in seinen Sagensammlungen, besonders in seinem: „Deutschen Märchenbuch‟, erhalten hat, fabrizierte einmal – es war im Jahre 1830 zu München – auf seiner altjüngferlich anmutenden Stube für seinen Freund Chezy „mit geübter Hand‟ auf der Kaffeemaschine ein Getränk, das dieser als von „sächsischer Blässe angekränkelt‟ bezeichnete. Man denke sich: ein Dichter und ein Bliemchenkaffee! Da wendet sich der Literarhistoriker mit Grausen.

Wie notwendig jedoch Dichtern und Künstlern der dunkle Zaubertrank ist, zeigt ein Erlebnis des Schriftstellers August Lewald und des Lustspieldichters Karl Schall zu Breslau, als im Jahre 1817 wegen einer Revolte der nächtliche Verkehr auf den Straßen verboten war. Beide saßen auf Schalls Stube trübselig im Dunkeln, denn es fehlte ihnen Licht und Kaffee zum gemütlichen Beisammensein, zu ihrer sonst gewohnten geistreichen Plauderei. Aber keiner traute sich der Patrouillen wegen auf die Straße, das Fehlende herbeizuschaffen. „Im Finstern und kaffeelos diese Nacht hinzubringen, ein Gedanke, der uns zur Verzweiflung bringen konnte.‟, schreibt Lewald in seinen Erinnerungen. Sorgenvoll lagen beide im Fenster. Da erblicken sie plötzlich ein bekanntes

 115

Gesicht, das ihnen zulächelt. Es ist der Schauspieler Seydelmann. Man klagt ihm das unendliche Leid, und mutig läuft dieser fort, um bald mit Kerzen, Kaffee, Brot und Käse beladen zurückzukehren. Jetzt ist aller Kummer behoben, und wie man sieht, tat auch hier der Kaffee wieder seine alten Wunder.

Wenn ich noch anfüge, dass auch der bedeutende Schweizer Erzähler Jeremias Gotthelf so viel Wert auf einen trinkbaren Kaffee legte, dass er ihn eigenhändig jeden Morgen für das Familienfrühstück bereitete, so kann ich getrost mit der Reihe Kaffee liebender Dichter schließen, sobald ich nur noch als letzten den größten aller Kaffeekünstler in der Welt des Geistes erwähnt haben werde: Honoré de Balzac, der die wunderbarsten Kaffeemischungen herzustellen verstand, deren einzelne Bestandteile er in den entlegensten Geschäften von Paris zusammenkaufte. „Balzacs Kaffee hätte eigentlich sprichwörtlich werden müssen", sagt ein Freund, der häufig bei ihm zu Gaste war, „ich glaube, die Sultane der Tausend und einen Nacht haben keinen köstlicheren getrunken! Welche Farbe, welches feine Aroma! Der Dichter bereitete ihn meist persönlich. Sein Rezept war grundgelehrt, raffiniert, göttlich wie der Geist Balzacs!" Dieser König aller Kaffeetrinker soll in seinem Leben 50 000 Tassen getrunken haben, was ich übrigens bei einer Lebensdauer von 51 Jahren gar nicht viel finde.

Unserem deutschen Romantiker Ludwig Tieck ist es sogar gelungen, in einem deutschen Wirtshaus einen einwandfreien Kaffee zu erhalten, nämlich auf der Eremitage bei Bayreuth. „Noch in keinem einzigen Wirtshause", schrieb er im Jahre 1793 an seinen Berliner Freund Bernhardi, „habe ich so vortrefflichen Kaffee getrunken, ja bei Reichards ausgenommen, nirgend in der ganzen weiten Welt als hier. Diese Wirtin hatte das große Arkanum aufgefunden, die feine Delikatesse, mit der der Kaffee behandelt werden muss."

Auch das Theater hat sich des Kaffees als Thema bemächtigt. Voltaire, den wir ja als intensiven Kaffeefreund kennen, schrieb eine Komödie „Das Kaffeehaus oder die Schottländerin". Ebenso Goldoni ein Lustspiel „Das Kaffeehaus", wie es auch ein altes spanisches Stück desselben Namens gibt. 1784 führte man in Berlin ein anonymes Schauspiel auf: „Der erste Juli oder das Kaffeejubiläum". Joachim Perinet verfasste eine komische Oper „Caspars neuerrichtetes Kaffeehaus" (1803) und Josef Richter ein Lustspiel „Der Kaffeehausheld". Auch Max Halbes ältere Dramen atmen dadurch einen Charme bürgerlicher Behaglichkeit, weil in ihnen immer wieder Kaffee getrunken wird, fraglos ein recht sympathischer und kordialer Zug des Dichters, den er mit seinem Kollegen Theodor Storm gemeinsam hat, in dessen Novellen ebenfalls ausnehmend oft Kaffee getrunken wird. Den Dichtern wird der Kaffee stets unentbehrlich bleiben, einfach aus dem Grunde, den Onkel Benjamin in Tilliers bekanntem Roman anführt: „Der Kaffee, sehen Sie, ist wohltätig, ist stärkend, er erregt das Gehirn angenehm und gibt dem Denkvermögen Beweglichkeit."

Die besten Zubereitungsarten des Kaffees

Der türkische Kaffee

Am 17. Januar des Jahres 1835 berichtet der auch als Gastronom weltberühmte Fürst Pückler Muskau aus Algier: „Wir ließen uns jetzt Kaffee geben, den in kleinen Tassen ein Negerknabe sehr reinlich servierte und auf Verlangen auch gestoßenen Kandiszucker hinzufügte. Obgleich mit dem Satz vermischt, fanden wir doch beide diesen Trank vortrefflich und weit besser als in den hiesigen französischen Kaffeehäusern."

Diese kurze Mitteilung ist für jeden Freund des Kaffees von größtem Interesse. Wir kennen alle die übliche Zubereitung des türkischen Kaffees: Die Kaffeebohnen werden in der aus Messing zylindrisch geformten Kaffeemühle staubfein gemahlen, in ein mit einem hölzernen Handgriff versehenes kupfernes, innen verzinntes Töpfchen geschüttet, das sich vom Boden aus nach oben verjüngt, d.h. am Boden breiter ist als an der Öffnung, und gleichzeitig mit der gewünschten Menge Streuzucker vermengt. Sodann wird kaltes Wasser darüber gegossen und die Mischung unter stetem Umrühren über einem Feuer zum Kochen gebracht, bis sich ein hellbrauner Schaum an der Oberfläche bildet. Der heiße Trank wird sofort in die Tasse gegossen und ohne Zusatz von Milch getrunken. Jedes Tässchen wird einzeln bereitet, denn das kleine Kupfergefäß fasst keine größere Menge. Diese Art der Zubereitung habe ich von waschechten Türken gesehen und für trefflich befunden. Es ist die einzige für den Kenner in Frage kommende Methode. Bei dieser bildet sich jener Schaum, von den Türken Kaimak genannt, der das Entweichen der ätherischen Öle verhindert. Eine Tasse ohne Schaum wäre eine Unhöflichkeit gegen den Gast. Ich möchte noch erwähnen, dass in der Türkei selbst der Kaffee auf hundert verschiedene Arten bereitet wird, so werfen z.B. die Stambultürken das Kaffeepulver erst in das Wasser, wenn dieses sich bereits dem Siedegrad nähert, jedoch noch nicht kocht. Diese Art wird von manchen für die idealste gehalten, so z.B. von dem mir befreundeten Bildhauer Walter von Hattingberg, der es in dieser Bereitungsart zu größter Virtuosität gebracht hat, auf die er sich auch nicht wenig zugute tut.

Bei Pücklers oben angeführter Mitteilung fällt uns auf, dass der arabische Kaffee in Algier nicht mit dem Zucker zusammen gekocht wurde (der Zucker soll nämlich die ätherischen Öle binden), sondern dass er erst nach Bedarf später hinzugetan wird. Bemerkenswert ist die Wahl des Kandiszuckers, denn der weiße Kandis zeichnet sich durch seinen äußerst reinen Geschmack aus, besonders spürbar bei heißen Getränken. Er beeinträchtigt das feine Aroma des Kaffees in keiner Weise. Nach ihm ist der feste Hutzucker dem gestoßenen Zucker vorzuziehen. Napoleon fragte einmal den Senator Laplace, wie es komme, dass ein Glas Wasser, in dem man ein Stück harten Zuckers aufgelöst habe, weit süßer schmecke als ein anderes, in welchem die gleiche Menge gestoßenen Zuckers gelöst wäre. Laplace antwortete: „Sire, es gibt drei Substanzen, deren Prinzipien genau dieselben sind, nämlich der Zucker, das Gummi und das Stärkemehl.

Sie unterscheiden sich nur durch gewisse Eigenschaften, deren Geheimnis die Natur nicht verraten will. Nun ist es meines Erachtens sehr möglich, dass durch den Druck der Stampfkeule einige Zuckerteilchen in Gummi oder Stärkemehl verwandelt werden und dass dadurch auch der von ihnen vermerkte Unterschied hervorgerufen wird."

Fürst Pückler hebt hervor, dass der Kaffee in kleinen Tassen serviert wurde. Das war zu allen Zeiten im Orient üblich. Moltke, der in seinen „Briefen aus der Türkei" unzählige Male auf das unentwegte Kaffeetrinken der Orientalen zu sprechen kommt – leider aber an keiner einzigen Stelle eine Beschreibung der Kaffeezubereitung gibt –, erwähnt einmal sehr zierliche Tässchen, die in kleinen silbernen Bechern standen. Er wundert sich darüber, dass jedes Mal, wenn ein neuer Gast eintritt, Kaffee herumgereicht wird, was an die zwanzig Mal am Tage geschehen kann. Zwischendurch wird Eingemachtes angeboten, von dem jeder einen Löffel voll zu sich nimmt. Ein Glas Wasser wird hinterher getrunken.

Am 30. Mai 1834 hatte Pückler schon dem Oberst von Wulffen aus Karlsbad mitgeteilt, dass ihm zufällig das echte Rezept, wie man arabischen Mokka an Ort und Stelle zubereite, in die Hände gekommen wäre. Er teilte diese hochwichtige Entdeckung dem Freunde mit, sozusagen erst provisorisch, bis er auf Grund eigener Erfahrung in den Stand gesetzt würde, die Angaben aus dem Ursprungslande selbst zu bestätigen oder zu berichtigen. Am 10. April 1835 erfolgt dann aus der algerischen Hafenstadt Bona die Bestätigung. Es sei ihm aber erzählt worden, dass man ein so edles Getränk nur in Arabien selbst genießen könne, da der Mokka-Kaffee, sobald er über das Meer reise, seine besten Eigenschaften verliere. Zu allgemeinem Nutz und Frommen sei Pücklers Rezept hier wortwörtlich mitgeteilt: „Man nimmt für jede Person eine Handvoll sorgfältig gelesener Kaffeebohnen, von der kleinen blassen Bohne, die nicht viel größer als eine Erbse ist. Sie werden schnell geröstet, bis ihre Farbe etwas dunkelt, die Feuchtigkeit aber noch nicht verdampft ist. Noch in voller Rosthitze werden sie gemahlen. Unterdessen wird ein Kaffeetopf mit so viel Tassen Wasser, als Personen da sind, angefüllt, zum Kochen gebracht. Kocht er, so nimmt man bei vier Personen z.B. eine Tasse Wasser heraus, schüttet dafür drei Tassen mit Kaffeepulver hinein und rührt alles mit einem Stabe um. Der Topf kommt nun wieder auf das Feuer, und sowie der Kaffee aufkochen will, nimmt man ihn ab, stößt den Boden etwas auf den Tisch und setzt ihn dann wieder auf. Dies wird sechsmal wiederholt und währenddem ein ganz kleines Stückchen Muskatblüte hinzugetan. Der Kaffeetopf muss von Zinn oder Silber und ohne Deckel sein, sonst kann der Kaffee an der Oberfläche keinen Rahm bilden, wie er tun muss. Wenn das Gefäß zum letzten Mal vom Feuer gehoben wird, gießt man die ausgeschöpfte Tasse Wasser wieder hinzu. Nun wird, ohne ihn umzurütteln, der Topf hereingebracht und der Kaffee augenblicklich in die Tasse gegossen, wo er seine weiche Rahmdecke auf der Oberfläche beibehält. So bereitet, erfüllt sein Duft das ganze Zimmer und ist entzückend für den Gaumen."

Aus dieser Anweisung ist allerlei zu lernen. Zunächst fällt es auf, dass hier das Kaffeepulver in bereits völlig kochendes Wasser geschüttet wird. Solches Verfahren deckt sich

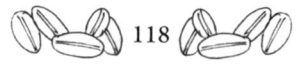

im Prinzip mit einer auch bei uns üblichen, äußerst einfachen Methode, die sogar von einigen gastrosophisch eingestellten Dichtern und Schriftstellern als die beste angepriesen wird. Am leidenschaftlichsten von Hans W. Fischer in seinem, manchmal allzu enthusiastischen „Schlemmerparadies" (München 1921): In eine Kanne aus feinem Porzellan, die vorher erhitzt, innen aber völlig trocken sein muss, wird das feingemahlene Kaffeepulver geschüttet und darauf das frisch sprudelnde kochende Wasser in kurzen Abständen gegossen. Die gut verschlossene und womöglich warm eingewickelte Kanne wird zehn Minuten heißgestellt, bis der Kaffee trinkfertig ist. Fischer nennt dieses Produkt den „absoluten Kaffee". Und ich weiß selbst, dass er recht gut sein kann. Die idealste Zubereitung ist es, selbst wenn man die beste Kaffeesorte, und zwar in ausreichender Menge, gewählt hat, doch nicht. Wenigstens nicht nach meiner, allerdings durchaus persönlichen Ansicht. Es gibt eine Kaffeekanne in Zylinderform, in die sich ein ebenso großer zylindrischer Einsatz mit siebartigem Boden hineinschieben lässt. Sie hat das gleiche Herstellungsprinzip wie Fischers Zubereitungsart, aber sie besitzt den Vorteil, dass der Kaffeesatz das Getränk nicht trübt, sondern im Einsatz zurückbleibt. Es ist eine Kombination der türkischen und der Karlsbader Methode. Den besten Kaffee aber vermag auch sie nicht zu liefern. Nebenbei bemerkt, braucht man für diese Art der Zubereitung auch eine größere Kaffeemenge als z.B. bei der Karlsbader Methode, wenn man einen annähernd gleich guten und starken Trank erzielen will.

Pücklers vorhin angeführte Zubereitungsart habe ich selbst unzählige Male – allerdings meist nur der Bequemlichkeit wegen, weil man auf diese Weise ohne große Umstände zu einem brauchbaren Getränk kommen kann – angewandt, und ich kann sie bis auf einige kleine Einschränkungen empfehlen. Zuerst warne ich vor dem übermäßigen Gebrauch der Muskatblüte, ein Zuviel kann das ganze Gebräu verderben. Ihr Vorhandensein darf man überhaupt nicht herausschmecken. Der Türke wählt häufig noch andere Zusätze, z.B. die Kolanuss, jedoch bleibt die Wahl solcher Zutaten dem Geschmacke des Einzelnen überlassen. Ich würde auch raten, einem auf solche Weise hergestellten Tranke keinen Rahm zuzugießen. Fürst Pückler berichtet im dritten Bande seines Reisewerks „Semilasso in Afrika", dass ihm in einem Harem zu Tunis ein mit Moschus parfümierter Kaffee gereicht wurde: „ein so ekelhaftes Getränk, dass ich, um mich desselben zu entledigen, wie in Tausend und einer Nacht das Gift unbemerkt aus den Fenster goss."

Statt das Kaffeepulver in das kochende Wasser zu werfen, empfiehlt es sich, es zuerst in den Topf zu tun und trocken so lange über dem Feuer zu erhitzen, bis es ein merkliches Aroma ausströmt, dann aber sofort das in einem andern Gefäß zum Kochen gebrachte Wasser darüber zu gießen und des Weiteren so zu verfahren, wie es Pückler anzeigt.

Wichtiger, als auf die Metallart des Topfes Rücksicht zu nehmen, scheint es mir, auf seine Bauart zu achten. Mit einem Gefäß, das am obern Rande breiter ist als am Boden (man nennt es hierzulande eine Wasserpfanne), habe ich nicht die gleichen Erfolge erzielt wie mit einem, bei dem das umgekehrte Verhältnis vorlag. Es muss dies mit den Strömungen des kochenden Wassers zusammenhängen, und ich würde einem für die-

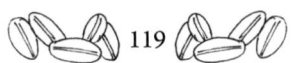

sen Fall interessierten Chemiker raten, einmal in dieser Hinsicht Versuche anzustellen. Bei feuerfesten Glasgefäßen ließen sich diese Strömungen leicht beobachten. In einer modernen Anweisung zur Bereitung des besten Kaffees heißt es bei Erwähnung der türkischen Zubereitung: „Der Durchmesser des Bodens soll das Doppelte betragen wie der Durchmesser der Öffnung, es bleibt dann beim Ausgießen des Kaffees in die Tassen der feine Kaffeesatz im Boden des Kännchens zurück." Als ob dies der einzige Sinn der eigenartigen Form wäre! Abgesehen davon, dass auch die H ö h e des Gefäßes in einem ganz bestimmten Verhältnis zur Bodenbreite steht, nämlich 1:1, gaben die Türken ihren Kupfergefäßen diese Bauart aus mehrfachen Gründen. Einmal war der breite Boden deshalb erforderlich, weil diese Gefäße unmittelbar in die glühende Asche gestellt wurden. So ein Verfahren bedingte auch die schmale obere Öffnung, die verhindern sollte, dass Asche und Rauch in die Flüssigkeit kamen. Ebenso verhinderte sie die Verflüchtigung des Aromas, sowie ein zu starkes Kochen der Oberfläche.

Bei Beginn des Siedens entwickelt sich die Wasserbewegung vom Grund des Topfes aus und steigt langsam in liegenden Achtern in die Höhe. Dann erst bildet sich der Strudel auf der Oberfläche. Es ist gewiss nicht mehr als eine Hypothese, die auch falsch sein kann, wenn ich annehme, dass gerade die Strömungen des kochenden Wassers – besonders zu Beginn des Siedeprozesses – für die Bereitung eines vollendeten Getränks, d.h. also für die vollkommene Ausnützung des Kaffeepulvers, von größter Bedeutung sind. Nur in diesem Falle wäre die von den Türken gewählte Form ihres Kochgefäßes in ihren ganz bestimmten Verhältnissen von auschlaggebender Wirkung. Erst eine physikalische Prüfung, die bis jetzt noch nicht vorgenommen worden zu sein scheint, vermag hier Klarheit zu schaffen. Die Türken haben jedoch aller Wahrscheinlichkeit nach ihre Töpfe nur einem feinen Instinkt folgend richtig hergestellt.

Das von Pückler angeratene sechsmalige Aufkochen ist nach meiner Erfahrung unnötig, denn es besteht überdies noch die Gefahr, dass der Kaffee in ein längeres Kochen kommt, was unbedingt zu vermeiden ist. Ein dreimaliges ganz kurzes Aufwallen wäre das richtige, und es genügt völlig. Bei einer solchen Bereitungsart ist das Mahlen der Bohnen in der echten türkischen Messingmühle (die europäischen Nachahmungen in Kupferblech sind meistenteils unzulänglich) einfach unerlässlich. Das Kaffeepulver muss sich zwischen den Fingern wie feingemahlenes Weizenmehl anfühlen. Bei dem auf türkische Art zubereiteten Kaffee darf keine Art von Kaffeegewürz genommen werden, auch die von Pückler empfohlene Muskatblüte wird nicht nach jedermanns Geschmack sein. Auch der beste Kaffeezusatz der Welt scheint mir hier nicht geschmackfördernd zu sein, während er bei der Karlsbader Methode weniger zu verwerfen ist. Auch würde ich raten, dem türkischen Kaffee keinen Rahm zuzugießen, sondern ihn schwarz zu trinken. Einen merkwürdigen Kaffeezusatz wählt man in Norwegen, wo Fischschuppen (meist vorn Dorsch) in den Kaffee getan werden.

Man benutzte früher Hausenblase oder Hirschhorn zur Klärung des Kaffees, aber jede Art von Fischblase ist dazu geeignet. Auch bittere Mandeln werden als Zusatz

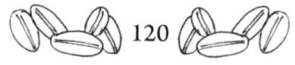

gewählt (eine Mandel auf sechs Tassen). Im 18. Jahrhundert röstete man süße und bittere Mandeln zu gleichen Teilen und machte daraus ein Getränk, das „Damenkaffee" genannt wurde.

Wie sonst bei keiner anderen Zubereitungsart ist es ratsam, die Bohnen erst kurz vor dem Gebrauch in einer offenen Pfanne hellbraun zu rösten. Ich werde im zweiten Teil meiner Abhandlung auf diesen wichtigen Punkt, ebenso auf die rechte Wahl der Kaffeebohne, ausführlicher zu sprechen kommen. Wir wollen aber gleich vorwegnehmen, dass die im Mörser zerstoßene Kaffeebohne einen weit feineren Trank erzielt als die in der Mühle gemahlene. Die Orientalen haben neben den kleinen zylindrischen Messingmühlen, die sie im Gürtel bei sich tragen können, auch hölzerne Mörser mit schweren Kolben und in ihren größeren Städten eine allgemeine Kaffeestampfe (*tachmisshane*), in welcher für den Bedarf der ganzen Stadt benötige Kaffee gestampft und gesiebt wird. Die hierbei verwendeten Leute sollen ein sehr gewecktes Wesen und ein kluges Aussehen haben, was man auf die anregende Wirkung des Kaffeedunstes zurückführt.

Über die Bereitungsarten des türkischen Kaffees wird man in unzähligen Reisewerken mehr oder weniger genaue Angaben finden. Sie weichen fast immer in dem einen oder andern Punkte voneinander ab, aber es ist müßig, diese Verschiedenheiten hier zu registrieren, da es im Wesentlichen doch immer auf das gleiche hinausläuft. Manchmal haben die Reisenden schlecht beobachtet oder später ungenau aus dem Gedächtnis berichtet, ebenso spielt die Verschiedenheit der Gegend, der einzelnen Stämme eine Rolle. Es gibt kaum eine arabische Reisebeschreibung, mag auch ihr Verfasser nur gerade eben seine Nase in das Land hineingesteckt haben, in der nicht von dem herrlichen, unübertrefflichen türkischen Kaffee die Rede wäre. Aber der Kenner schüttelt bei solcher Lektüre denn doch den Kopf, zum Exempel, wenn er liest, dass der Gastgeber die gerösteten Kaffeebohnen zwischen den eigenen Händen zu Pulver zerreibt. Denn dies beweist nur, dass die Bohnen auf der Röstpfanne zu Kohle verbrannt sind, also einen geradezu teuflischen Absud ergeben müssen.

Da ist uns doch die Offenheit und Ehrlichkeit des amerikanischen Humoristen Mark Twain lieber, der in seiner Reiseskizze „Ein türkisches Bad" folgendes berichtet: „Darauf (nämlich nach dem nicht gerade erfreulichen Bad) brachte er (der Badewärter) den weltberühmten türkischen Kaffee, den Poeten viele Generationen hindurch so hinreißend besungen haben, und ich warf mich auf ihn los als die letzte Hoffnung, die mir von meinen Träumen vom morgenländischen Luxus geblieben war. Es war wieder eine Täuschung. Von allen unchristlichen Getränken, die je über meine Lippen gingen, ist der türkische Kaffee das schlimmste. Die Tasse ist klein, mit Bodensatz beschmiert, der Kaffee schwarz, von unangenehmem Geruch und abscheulichem Geschmack. Am Boden der Tasse ist ein schlammiger Niederschlag, einen halben Zoll tief. Dieser geht die Kehle hinab und dabei bleiben Teilchen davon unterwegs hängen und bewirken ein unbehagliches, kitzelndes Gefühl, welches einen stundenlang bellen und husten lässt." – Welchen Kaffee Mark Twain als den für ihn zusagendsten erkannt

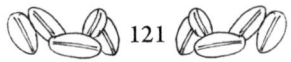

hat, weiß ich allerdings nicht, aber eine gute Portion allgemeingültiger Wahrheit wird dieser Schilderung kaum abzusprechen sein.

Die Zeiten haben sich hinsichtlich der türkischen Kaffeebereitung nicht geändert, keinesfalls aber eine Verbesserung gebracht. Deshalb sind uns gerade ältere Berichte von hohem Werte, da wir noch heute allerlei aus ihnen lernen können. Recht interessant erscheint mir in dieser Hinsicht die „Reise nach der Türkei" von Griffith, der mit einer Karawane die arabische Wüste durchquert hat. Auf jedem Lagerplatz wurde als erste Handlung die Bereitung des Kaffees vorgenommen, was stets mit einer gewissen Feierlichkeit verbunden war. Der am Wege liegende trockene Kamelmist gab das einzig vorhandene Feuerungsmaterial ab, das mit Hilfe von Stein und Schwamm angezündet wurde. Griffith berichtet: „Der gemahlene o d e r gestoßene Kaffee wird als sehr feines Pulver in einer dicht verschlossenen hölzernen Büchse aufbewahrt. Will man sich desselben bedienen, so nimmt man den Kaffee auf der Oberfläche mit einem ebenfalls hölzernen Löffel ab. Um ihn zu bereiten, bedient man sich zweier Kaffeekannen. In der einen ist kochendes Wasser, gemischt mit dem Satze des zuletzt getrunkenen Kaffees, in die andere schüttet man frisches Pulver und setzt es zum Feuer, d a m i t e s h e i ß w e r d e , ehe man das kochende Wasser darauf gießt. Man lässt dann das Ganze z w e i - b i s d r e i m a l aufkochen, und jedes Mal muss sich der Kaffee setzen. Das letzte Mal schüttet man einige Tropfen kalten Wassers in die Kaffeekanne und bedeckt sie mit einem Deckel, der ebenfalls in kaltes Wasser getaucht wird." Nachdem er sich gesetzt hat, wird die klare Lösung in die Kanne gegossen, in der sich das kochende Wasser befunden hatte, oder er wird gleich in die Tassen gefüllt, sobald einige Tropfen kalten Wassers hinzugeschüttet worden, denn die Türken und Araber haben keinen solchen Abscheu vor trübem Kaffee wie die Europäer. – Ich habe es selbst öfters versucht, den alten Satz mit Zusatz von frischem Kaffeepulver zu benutzen. Bei der türkischen Art mag es einen kleinen Vorteil bringen, bei der Karlsbader Durchgussmethode würde man sich aber seinen Kaffee gründlich verderben und eine dünne ungenießbare Brühe erhalten.

Die empfehlenswerteste Art der türkischen Zubereitung haben wir am Anfang unserer Ausführungen gegeben: Tasse für Tasse wird einzeln bereitet. Es ist überdies die gesündeste Art des Kaffeegenusses, sehr wohlschmeckend, wenn auch nicht zu allen Tageszeiten die wohlschmeckendste. Von einem mit kaltem Wasser aufgesetzten Kaffee verspürt man nicht die stark erregende Wirkung des überbrühten Kaffees, er verleiht uns die Ruhe und die philosophische Abgeklärtheit der Türken, und wir können dann wie nie steinalt dabei werden, selbst wenn wir täglich wie diese 20–30 Tassen des schwarzen Göttertranks zu uns nehmen.

Die Karlsbader Methode

Bei jedem Streit der Geister haben sich als vorzügliche Hilfstruppen immer die Zitate aus den Schriften berühmter Männer bewährt, ein gewisser Respekt vor ihnen ist trotz

heftigster Bekämpfung des fatalen Autoritätsglaubens immer noch vorhanden. Was soll man auch anderes machen bei einer so leidenschaftlich umstrittenen Sache, wie es nun einmal die beste Zubereitung des Kaffees ist? So hole ich denn den ehrwürdigen Brillat-Savarin aus der Versenkung, der in seiner „Physiologie des Geschmacks" auch dem Kaffee seine Aufmerksamkeit geschenkt hat. Er hat alle Methoden der Kaffeezubereitung, die je in Vorschlag gebracht wurden, sorgsam geprüft und sich für diejenige entschieden, die man damals á la Dubelloy nannte. (Nach Balzac soll allerdings ihr Erfinder nicht der Dramatiker Dubelloy, sondern ein Marquis de Belloy gewesen sein.) Sie bestand darin, dass man kochendes Wasser über den in einem mit sehr feinen Löchern versehenen Porzellan- oder Silbergefäß befindlichen Kaffee goss. Diese erste Abbrühung wurde dann nochmals bis zum Sieden erhitzt und zum zweiten Male durchgegossen, wodurch man den denkbar besten und klarsten Kaffee erzielte.

Ich möchte gleich vorausschicken, dass diese alte Methode des Marquis de Belloy genau dieselbe ist, die wir heute beim Gebrauche der sogenannten Karlsbader Kaffeemaschine anwenden. Betrachten wir aber zuerst das Material, mit dem wir unsere Künste auszuüben gedenken. Der Raum verbietet es, hier eine Charakteristik der einzelnen Kaffeesorten zu geben, doch wird jeder Neugierige in der einschlägigen Fachliteratur hinreichende Belehrung darüber finden. Und überdies: all diese Sorten, die wir in den Preislisten aufgeführt sehen, wie Santos, Campinas, Guatemala, Salvador, Portorico, Costa Rica, Caracas usw., können in den einzelnen Geschäften grundverschieden in der Qualität sein. Leicht wird es den Kaffeefreunden nicht gemacht, zu einem exzellenten Getränk zu kommen.

Honoré de Balzac, dessen vorzüglicher Kaffee geradezu sprichwörtlich wurde, pflegte ganz Paris zu durchqueren, um in verschiedenen, oft meilenweit auseinander liegenden Geschäften die einzelnen Sorten zu kaufen, mit denen er seine Privatmischung zusammensetzte. „Guter Kaffee ist ein Paar müde Beine schon wert.", sagte er. Er verwendete drei Sorten: Bourbon, Martinique und Mokka. Es war, nebenbei bemerkt, damals geradezu Mode in Frankreich, den Mokka mit Kolonialkaffee zu mischen.

Auch die Türken, unsere Lehrmeister, pflegen nur selten eine einzige Sorte zu gebrauchen. Wir würden es hierzulande gar nicht fertigbringen, Balzacs Sorten zu erhalten, wie es auch schwerfällt, den Kaffee in der gleichen Güte wie vor dem Kriege aufzutreiben. Trotz einer gegenteiligen Meinung ist der echte Mokka, der selbst in seiner Heimat selten rein anzutreffen ist, noch immer die edelste Sorte, aber ihn zu finden ist bei seiner geringen Produktion äußerst schwierig. Nach ihm genießt der Java-Kaffee die größte Wertschätzung, die braunen Bohnen sind kostbarer als die gelben. Vom Guatemala-Kaffee sind die Sorten aus den höchsten Lagen (etwa in Höhe von 1800 Metern) die besten. Weil sie von der Mokkabohne abstammen, führen sie den Namen Arabico.

Selbst in der Kaffeestadt Hamburg ist es nicht leicht, die besten und preiswertesten Quellen zu finden. Noch kürzlich suchte ich dort in einer Stadtgegend, deren Geschäfte mir nicht bekannt waren, nach einem trinkbaren Kaffee. Zögernd prüfte ich die Auslage

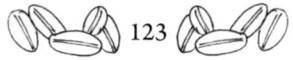

einer weitbekannten Kaffeefirma, schritt aber dann forschend weiter. Da stieß ich – nach wenigen Schritten – schon wieder auf das Schaufenster eines Kaffeegeschäfts, klein und bescheiden in der Aufmachung. Ich sagte mir sofort, dass ich hier das Richtige gefunden hätte, denn wie könnte sich sonst wohl dieser kleine Laden neben seinem prunkvollen Nachbar halten? Nach Prüfung der Auslage betrat ich den Laden und ließ mir, ohne weiter zu fragen, zwei Sorten mischen: einen wohlfeilen Santos-Perl und einen teureren Guatemala, denn dieser ist kräftig und aromatisch, jener von großer Milde und leicht säuerlich, hat aber wenig Aroma. Wo sich aber Starkes mit Mildem paart, da gibt es bekanntlich einen guten Klang. Wie sich dann später ergab, hatte ich die rechte Wahl getroffen. Die Mischung ergab ein ausgezeichnetes Getränk. Aber nicht allein der Wahl der Sorten verdankte ich den Erfolg, sondern der Wahl der Firma, denn Santos und Guatemala, hier oder dort gekauft, sind an Qualität keineswegs überall gleich. Daher ist zu raten: Suche und probiere so lange, bis du das deinem Geschmack Zusagende gefunden hast. Hans W. Fischer sagt bei der Beschreibung des „absoluten Kaffees“ in seinem „Schlemmerparadies“: „Die Sorte tut es nicht; eine jegliche ist gut, wenn die Bohne mit Sorgfalt geerntet und ausgereift ist.“ Welch ein Irrtum! Hätte er gesagt, dass es nicht immer die teuersten Sorten zu sein brauchen, die ein gutes Getränk ergeben, so würde er Recht behalten haben. Auch ist ein s t a r k e r Kaffee noch lange kein g u t e r Kaffee!

Aber was hilft uns die allerbeste Kaffeebohne, wenn sie nicht sachgemäß geröstet wird! Man kann sagen, dass im Allgemeinen die Großröstereien, die allerdings meist ein rasches Rösten bei einem Gewichtsverlust bis zu 23% in Anwendung bringen, das rechte Maß zwischen zu starker und zu schwacher Röstung halten und in Hinsicht auf Gleichmäßigkeit der Färbung nicht zu übertreffen sind, jedenfalls hat sich unser Geschmack ganz auf diese Methode eingestellt. Jeder, der seinen Kaffee selbst brennt, wird mit einem weit größeren Gewichtsverlust zu rechnen haben, er hat jedoch bei einiger Fertigkeit die Freude, sich den frischesten und aromatischsten Kaffee bereiten zu können, denn das exquisiteste Getränk lässt sich nur aus der kurz vor dem Gebrauch gebrannten Bohne herstellen. Die noch heute in manchem Haushalt in Anwendung gebrachte Rösttrommel sollte zum alten Eisen geworfen werden. Sie blickt zwar auf ein sehr respektables Alter zurück; denn sie findet sich schon in ihrer heute gebräuchlichen Form abgebildet in des Frankfurter Stadtarztes Joh. Chr. Schröder *„Pharmocopaia medico chymica“* von 1649, aber sie eignet sich nicht für ein gleichmäßiges Rösten, da die Bohnen zu stark gebrannt, oft sogar verbrannt werden. Überdies ist sie schwer von dem ranzigen Öl zu befreien, das sich an ihrer Wandung ansetzt. Die modernen flachen Röstmaschinen aus Eisen werden dagegen gelobt. Der routinierte Kenner wird nach wie vor eine einfache offene Pfanne wählen, um seine Kunstfertigkeit in voller Glorie erstrahlen zu lassen, denn es beeinträchtigt den Geschmack nicht, wenn das Aussehen der Bohnen nicht völlig gleichmäßig ist. Die offene Pfanne lässt die beim Brennen aufsteigenden brenzlichen, hässlich riechenden Dämpfe, an denen die Bohnen nichts Wertvolles verlieren, ungehindert abziehen. Das Aroma geht nicht verloren, denn es entwickelt sich erst später.

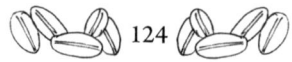

Die Türken rösten den Kaffee im Backofen; je langsamer sie ihn brennen, umso besser wird er. Nach dem Baron Vaerst, der neben dem Fürsten Talleyrand, dem Fürsten Pückler und dem zu Neapel lebenden deutschen Maler Philipp Hadert einer der größten Kaffee-Experten seiner Zeit war, muss das Rösten beendigt sein, wenn der Kaffee b r a u n - g e l b geworden ist und etwa 12% seines Gewichtes verloren hat. Wird er kastanienbraun geröstet, so verliert er 18%. Einen solchen, und das ist ungefähr derjenige, den wir heute zu verwenden pflegen, bezeichnet dieser Feinschmecker geradezu als schlecht. Beim Schwarzrösten, was schon auf ein V e r brennen hinzielt, verliert der Kaffee 24% und wird fast ungenießbar, aber unzählige Menschen (besonders die Italiener und Franzosen, bei denen man auch heute noch keinen guten Kaffee zu trinken bekommt) sind der Ansicht, je dunkler der Kaffee, umso schöner sei seine Farbe, umso besser sein Geschmack. Sie pflegen ihn ja auch aus Gläsern zu trinken, worin er aber, sobald Milch hineingegossen wird, nicht gerade schön aussieht. Für den wahren Kaffeekenner kann einzig und allein eine Tasse aus feinem Porzellan in Frage kommen.

Es scheint unbekannt zu sein, dass der schwach gebrannte Kaffee weniger erhitzend wirkt als der stark gebrannte. Alle Kenner raten, die Bohnen in einem offenen Gefäß bei gelindem Feuer ganz langsam zu rösten und nicht länger, als bis sie blassbraun gedunkelt sind, die Feuchtigkeit aber noch nicht verdampft ist. Sobald der Prozess beendet, sollen die Bohnen auf eine Marmortafel oder auf einen anderen kalten Stein ausgebreitet werden, damit das Verfliegen des Aromas schnell unterdrückt wird. Es ist überflüssig zu sagen, dass der gebrannte Kaffee in luftdichten Gefäßen, am besten in Glasflaschen mit eingeschliffenem Stöpsel, aufbewahrt werden muss.

Noch heute streitet man sich in Fachkreisen über den Hitzegrad beim Rösten, und eine Einigung ist noch nicht erzielt worden. Die eine Partei plädiert für ein Rösten bei einem Gewichtsverlust von 17%, die andere für eins mit 21%. Da alle Kaffeesorten verschieden reagieren, ist die Frage kaum zu beantworten. Entscheidet man sich für die lichtbraune Farbe, so wird man allen Sorten einigermaßen gerecht werden können.

Von allen Zubereitungsarten erscheint mir die sogenannte Karlsbader Methode als die beste. Nur bei dieser erhält der Kaffee jene zarte Geschmeidigkeit, die wir z.B. bei der türkischen Art vermissen. Hier hat die Zunge das Gefühl, als ob Kaffee und Wasser noch nicht die innigste Verbindung geschlossen hätten, während bei dem filtrierten Kaffee ein einziger, ganz einheitlicher Geschmack herrscht. Brillat-Savarins Urteil haben wir eingangs angeführt. Wir schließen uns ihm an. Die Karlbader Maschine (eine Porzellankanne mit einem Aufsatz, dessen Boden mit feinen Löchern, am besten mit einem doppelten Porzellansieb, versehen ist) dürfte allgemein bekannt sein.

Den Kaffee mahlt man so fein als möglich auf der gewöhnlichen Kaffeemühle, wobei man die Regulierungsschraube scharf einstellt. Fast in allen Haushaltungen, in die mich der Zufall führte, mahlten die Mühlen viel zu grob, sodass der Kaffee nur ungenügend ausgenutzt wurde. Die Folge ist ein unzulängliches Getränk. Vor Gebrauch der türkischen Messingmühle rate ich ab, denn trotz des feinsten Filters, selbst bei Anwendung

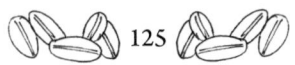

von daraufgelegtem Fließpapier, erfährt der Kaffee durch das staubfeine Pulver eine Trübung, die sich auch geschmacklich bemerkbar macht. Rechnet man auf jede Tasse ein halbes Lot Kaffee, so erhält man bei sachgemäßem Verfahren ein vorzügliches Getränk. Diese Rechnung stimmt jedoch nur, wenn man so viel Tassen bereitet, wie das Gefäß zu fassen vermag. Bereitet man weniger, so ist eine größere Menge Kaffee erforderlich. Man schüttet das Pulver in den Filter, ohne es zu pressen, da ein zu langsames Durchlaufen das Getränk bitter macht. Dafür aber gieße man das kochende Wasser, das während des Bereitungsprozesses ständig sprudelnd auf dem Feuer erhalten werden muss, in ganz kleinen Portionen, etwa 1–2 Esslöffel voll; langsam auf und warte stets so lange, bis jeder Aufguss bis auf den kleinsten Tropfen durchgelaufen ist. Es ist von größtem Vorteil, beim ersten Aufguss die längsten Pausen zu machen. Diese Verzögerung wird später durch rascheres Durchlaufen des Kaffees reichlich eingeholt. Man verstopfe den Schnabel der Kanne mit einem Papierpfropfen und vergesse nie, den Deckel jedes Mal wieder fest aufzusetzen. Es ist an dieser Stelle unmöglich, alle die kleinen Tricks anzuführen, deren sich der Experte bedient; eigene scharfe Beobachtung und die unerlässliche Liebe zur Sache wird aber einen jeden rasch zur Meisterschaft führen.

Die Wahl des zu verwendenden Wassers ist keineswegs gleichgültig. Weiches Wasser ist hartem, also kalkhaltigem, unbedingt vorzuziehen. Vaerst empfiehlt eisenhaltiges Mineralwasser und beruft sich auf die Tatsache, dass der Kaffee an Orten, wo sich Gesundbrunnen befinden, deshalb so vortrefflich sei, da man sich dort zur Bereitung des Mineralbrunnens bediene. Will man sich einen ganz exquisiten Kaffee herstellen, dann mahle man die Bohnen nicht in der Mühle, sondern zerstoße sie im Mörser, wie es die Türken zu tun pflegen. Man kennt hölzerne, steinerne und eiserne Mörser. B.Walsh erwähnt in seinem Werk „*A residence at Constantinople*" (London 1836) die hölzernen Kaffeemörser, die er in jedem, türkischen Chan vorfindet. Der Forschungsreisende Carsten Niebuhr setzte auf seiner arabischen Reise die Kaffeemühle außer Gebrauch, als er den großen Unterschied zwischen gestoßenem und geriebenem Kaffee erkannt hatte. Brillat-Savarin, dem diese Tatsache nicht fremd war, hielt es für seine Pflicht, das Verfahren wissenschaftlich zu prüfen. Er röstete daher mit größter Sorgfalt ein Pfund guten Mokkas, teilte die Menge in zwei gleiche Teile, von denen er einen mahlen und den anderen zerstoßen ließ. Aus beiden Pulvern bereitete er Kaffee, wobei er die gleichen Gewichtsmengen an Kaffee und Wasser nahm und beide Sorten gleichmäßig behandelte. Er kostete und ließ die größten Koryphäen kosten. Das einstimmige Urteil lautete dahin, dass der Trank aus dem gestoßenen Pulver weitaus der bessere wäre. Dieses Phänomen lässt sich nur so erklären, dass durch das Stampfen die öligen Teile besser ausgepresst werden als durch das Mahlen. In diesem Zusammenhang möchte ich, der ich Brillat-Savarin und Vaerst nicht ohne Erfolg studiert habe, ein kleines Erlebnis aus meinem Leben erzählen.

Ich erhielt einmal zu später Nachtstunde den unerwarteten Besuch eines Freundes, der gekommen war, mir in irgendeiner Angelegenheit sein Herz auszuschütten. Die Situation erforderte ein Getränk, und auf meine Frage nach seinen diesbezüglichen

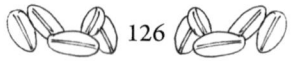

Wünschen begehrte er nichts anderes als einen starken Kaffee. Aber da war guter Rat teuer, denn mein sonst nie versiegender Kaffeevorrat war unbemerkt zur Neige gegangen. Was tun? Ich kramte verzweifelt in allen Schubladen, bis ich in irgendeiner Ede auf ein kleines Tütchen stieß, in dem sich noch ein paar ungeröstete Bohnen, höchstens noch drei Lot, befanden. Da kam mir die Erinnerung. Ich hatte diesen Kaffee vor Jahren, lange vor Kriegsausbruch, in einem Hamburger Kaffeegeschäft gekauft, nur deswegen, weil ich den Namen dieser Sorte damals zum ersten Mal hörte, und weil er überdies spottbillig, er kostete etwa 75 Pfennig per Pfund, gewesen war. Der Verkäufer hatte ihn aber irgendwie empfohlen. Wie er seinerzeit gemundet hatte, war vergessen. Nun aber war dieser schäbige Rest herzlich willkommen, „Ich werde dir einen fabelhaften Kaffee vorsetzen.", sagte ich zuversichtlich zu meinem Freunde, „mit allen Schikanen. Du hast keine Eile, wir werden uns also Zeit nehmen, wie es sich für einen würdigen Trank geziemt." Neugierig folgte mein Freund meinen Manipulationen, zunächst mir auf meinem Gang zur Küche. Ich schüttete die Bohnen auf ein Kuchenblech, öffnete die Haube meines Gasbratapparats „Lucullus" und setzte das Blech mit den Bohnen auf den Rost. Dann entzündete ich die Gasflammen, stellte sie ganz klein auf Backhitze ein – das Thermometer zeigte genau 100 Grad Celsius –, klappte den Deckel zu, nahm meinen Freund unter den Arm und führte ihn ins Wohnzimmer zurück. „Wir haben Zeit.", sagte ich, „lege los!" – Nach Verlauf einer halben Stunde ging ich zum Gasbratapparat und schaute nach den Bohnen, die ich nach türkischem Muster á la Backofen rösten wollte. Sie hatten kaum Farbe angenommen. Ich wühlte sie etwas durcheinander, schloss die Haube und ging wieder zu meinem Freunde. Alle Viertelstunden kontrollierte ich die Bohnen. Nach anderthalb Stunden hatten sie eine ganz hellbraune, noch ins Gelbliche spielende Farbe angenommen. Vaerst befiehlt ausdrücklich: „braungelb". Ich brach erst eine Bohne durch und sah, dass sie innen die gleiche Farbe hatte wie außen. Diese Gleichmäßigkeit bei so heller Färbung war nur bei so langwierigem Verfahren möglich gewesen. Noch heiß schüttete ich sie in die Kaffeemühle und begann zu drehen. Es krachte, als ob ich Kieselsteine hineingeworfen hätte. Die Mühle streikte und ließ sich nicht drehen. Ich nahm meinen Messingmörser vom Regal, schüttete die Bohnen hinein und begann, sie zu zerstampfen. Es war eine Heidenarbeit. Mein Freund half mir getreulich im Schweiße seines Angesichts. Aber wir bekamen bei aller Anstrengung die Dinger nicht fein genug. Da schüttete ich die Bohnen wieder in die Kaffeemühle, und nun ging es, langsam und sehr mühsam, aber es ging. Mit dem Pulver bereitete ich sorgsam den Kaffee auf dem Karlsbader Filter, wie ich es oben beschrieben habe. Als ich dann stolz mein Produkt ins Zimmer trug, duftete die ganze Wohnung nach Kaffee; so herrlich, wie ich es in meinem Leben noch nie gerochen habe. Mein Freund war vor Entzücken ganz außer sich. Als ich das Getränk langsam in meine feinsten japanischen Tassen laufen ließ; siehe, da war der Kaffee so lichtbraun, als ob man schon einen starken Schuss Rahm hineingegossen hätte. „Donnerwetter, ist der bitter!" rief mein Freund und setzte die Tasse wieder

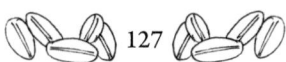

ab. „Aber fabelhaft, einfach fabelhaft.", fügte er gleich hinzu. Ich kostete. Wahrhaftig, er war gallenbitter. Nun, man konnte ja die doppelte und dreifache Menge Zucker nehmen als gewöhnlich. Ich tat es. Er schmeckte göttlich und duftete märchenhaft. Mein Freund, der nie Zucker zum Kaffee nahm, trank ihn pur. „Man gewöhnt sich.", sagte er. Der Kaffee erschien sehr dünn, hatte aber einen ungemeinen Gehalt und ein unübertreffliches Aroma. Wir waren uns ganz einig, keiner von uns hatte jemals in seinem Leben einen auch nur annähernd so guten Kaffee getrunken. Und wir hoben das Getränk in den Himmel und berauschten uns an unsern begeisterten Lobsprüchen. Es war eine denkwürdige Nacht, die wir beide nie vergessen werden.

Ob ich nun immer meinen Kaffee auf diese Art bereitet habe? Nein, leider nein! Aus Faulheit, denn die Arbeit ist zu groß. Das nachherige Mahlen hat übrigens das günstige Resultat des Stampfens nicht mehr ungünstig beeinflussen können. Ich habe später das Experiment noch einige Male wiederholt, aber niemals ganz mit dem ersten Erfolg. Vielleicht konnte ich nicht mehr die gleiche Geduld beim Rösten aufbringen oder fand nicht mehr den richtigen Zeitpunkt, oder – was am wahrscheinlichsten ist – ich hatte nicht die dazu geeignete Kaffeesorte zur Verfügung. Der Himmel mag wissen, wie die Sorte von damals hieß. Ich glaube beinahe, es war ein deutscher Kolonialkaffee, denn ich habe seinen Namen nie wieder vernommen. Und doch ist das Ganze kein Traum, keine Utopie, keine Phantasterei. Mein Freund ist Zeuge. Wir schwärmen noch heute davon.

Von den Kaffeemaschinen und dem Kaffeegeschirr

Nun wären wohl auch ein paar Worte über Kaffeemaschinen zu sagen. Erblickt man diese mannigfachen Konstruktionen, die in der Tat oft genug etwas von höchst geheimnisvollen, raffiniert arbeitenden Maschinen an sich haben, im Laden, dann packt einen schon beim bloßen Anblick die Lust, sie zu kaufen. Sie sehen funkelnagelneu allesamt wirklich prachtvoll aus, und man spürt schon den köstlichen Geschmack des Mokkas auf der Zunge, hat das herrliche Aroma in der Nase. Aber häufig genug ist man nach kurzem Gebrauch doch mehr oder weniger enttäuscht von ihnen. Wohl geben viele einen kräftigen, recht starken Kaffee, aber starker Kaffee ist – wie schon früher einmal gesagt – nicht immer auch ein guter Kaffee. Da ist z.B. eine heute sehr beliebte und vielfach im Gebrauch befindliche Kaffeemaschine – in Wirklichkeit ist die ihr zugrunde liegende Idee, ja ihre ganze Konstruktion, schon uralt – die von ihren Besitzern stets himmelhoch gepriesen wird, und die dennoch hinsichtlich der Extraktion des Aromas allerlei zu wünschen übriglässt. Wenigstens für meinen persönlichen Geschmack. Der Kaffee wird in ihr allerdings außerordentlich stark, aber man braucht auch sehr viel Kaffeepulver dazu. Ich habe die gleiche Beobachtung bei sehr vielen solcher Kaffeemaschinen (die alte Wiener Kaffeemaschine mit der Glashaube eingeschlossen) gemacht.

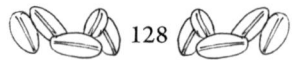

Dasselbe, und meist ein besseres, Resultat erreicht man bei der soliden Karlsbader Durchgussmaschine – das Wort Maschine passt eigentlich gar nicht für sie – mit einer weit geringeren Kaffeemenge. Und dabei hat diese den meisten anderen Apparaten gegenüber den Vorzug, aus Porzellan oder Steingut zu sein. Denn jeder in Metallgefäßen bereitete Kaffee nimmt, wenn es auch an manchen Leuten mit derber Zunge nicht spürbar ist, immer etwas Metallgeschmack an. Selbst auf den Tüten, in denen manche Kaffeefirmen ihren Kaffee versenden, kann man in der darauf gedruckten Anleitung zur Kaffeebereitung lesen (ich zitiere wortwörtlich): „Benutzen Sie keine Metallkannen, nur in Porzellankannen lässt sich ein einwandfreier Kaffee aufgießen." Noch wichtiger als beim Kaffee ist beim Tee das Vermeiden jedes Metallgefäßes. Der Tee verlangt unter allen Umständen ausschließlich irdene Gefäße bei seiner Zubereitung.

Vom technischen Standpunkt aus ist das Studium der mannigfachen Kaffeemaschinen allerdings hochinteressant. Denn auch auf diesem begrenzten Gebiete bemerkt man die unermüdliche Arbeit des menschlichen Geistes, bewundert man die Erfindungsgabe und den Spürsinn der Techniker. Immer wieder neue Variationen tauchen auf. Die meisten der heute gebräuchlichen Kaffeemaschinen sind allerdings schon sehr alt. Das beweist das Buch de Blegnys: *Le bon usage du thé, du caffé et du chocolat*, das 1687 zu Paris erschienen ist; denn hierin findet man schon Apparate, die sich von den heute in Gebrauch befindlichen nicht wesentlich unterscheiden. Viel Material bietet u.a. auch Dinglers „Polytechnisches Journal", das um 1820 herauskam; man findet hier über die zahlreichen Bände zerstreut bereits unsere heutigen Extraktionsmaschinen, Jones' selbsttätige Maschine, Zanons Kaffeemaschine, „eine Dampfmaschine als Kaffeemaschine" usw. Als neueres Werk über die Apparate zur Kaffeebereitung wäre zu nennen: M. C. Jardin, *Le Cafetier et le cafe* (Paris 1895).

Auch im Kreise der deutschen Romantiker interessierte man sich für solche Dinge. So sandte am 2. Dezember des Jahres 1804 Caroline Schelling aus Würzburg ihrer Freundin Marie Windischmann eine Kaffeemaschine und schrieb dazu: „Die Mechanik der Kaffeemaschine haben Sie doch noch im Gedächtnis? Möge Ihnen der Kaffee lieblich daraus entgegendüften und wohl bekommen. Zum Ersparen ist aber die Erfindung eben nicht eingerichtet." Aus Beethovens Nachlass besitzen wir noch einen Zettel aus dem Jahre 1825, worauf sich der Meister eine Kaffeemaschine notiert hatte. Sie besaß eine besondere Vorrichtung, „welche das durch die heißen Dämpfe aufgelöste Aroma durch Löschpapier mit solcher Gewalt durchpresst, dass auch nicht ein Aroma mehr in dem ausgelangten Kaffeepulver zurückbleiben könne, wodurch Ersparung an Kraft und Geschiwindigkeit gewonnen wird."

„Ich selbst, Schreiber dieser Zeilen, besitze etwa fünf verschiedene Kaffeemaschinen, nehme sie aber nur selten in Gebrauch, da ich die Karlsbader Methode allen andern vorziehe. Metallene, gut geputzte Kaffeemaschinen sehen schmuck aus auf schön gedecktem Tische. Es sind prächtige Zierden eines soignierten Haushalts. Sie blitzen vor Nickel, prahlen mit komplizierter Apparatur, singen, klingen und pfeifen,

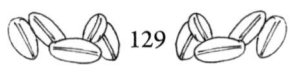

sind ein entzückendes Spielzeug – aber es sind eben doch nur Maschinen. Wer kein großer Künstler in selbständiger Kaffeezubereitung ist, hilft sich mit ihnen immerhin aus jeder Verlegenheit und wird seine Gäste wenigstens nicht enttäuschen.

Zu einem schönen Mokka gehört aber auch fraglos ein schönes Gefäß, das ihn einschließt, und ebenso schöne kleinere Gefäße, in die man ihn daraus eingießt. Unsere heutige Keramik mit ihrem großen Reichtum an geschmackvollen Kannen, entzückenden Tassen und Tässchen in allen Formen und Farben schüttet einen verschwenderischen Reichtum über uns aus. Adalbert Zöllner erwähnt in dem hübschen Kapitel „Die Tasse" seines anmutigen und kenntnisreichen „Buchs vom Porzellan" (Leipzig 1925), dass es über tausend Formen von Tassen gibt, und dass die Besucher eines Musterlagers einer nur mittleren Porzellanfabrik den Kopf schütteln über die Fülle der Auswahl. Und dann schildert er in der Sprache des Dichters die Mannigfaltigkeit dieser keramischen Erzeugnisse. Sie ist geradezu erstaunlich. Er erzählt auch, dass die Deutschen große Tassen Lieben (die Wiener lieben sehr große, die Berliner weniger große), die Italiener mittelgroße für den *Caffee espresso* oder Ungetüme für den *Caffe con latte*, die Engländer und Amerikaner zarte und durchsichtige. Und er gedenkt auch der großen Morgen-Kaffeetassen und der Aufschrift: „Dem lieben Großpapa", „Dem guten Vater", „Dem braven Onkel", der sächsischen Bliemchen Kaffeetassen, die am Grunde bunte Blumen zeigen usw. Im zweiten Teile seines Porzellanbuchs unter dem Titel „Arkanum" (Leipzig 1928) widmet Zöllner sogar dem Kaffeekochen ein paar Seiten. Diese zwei Bücher lassen uns den Zauber des Porzellans erst so recht lebendig werden.

Wie jeder Wein aus verschiedenen Gläsern verschieden schmeckt, so schmeckt übrigens auch der Kaffee aus den verschieden geformten Tassen anders. Von den schauderhaften Kaffeegläsern, wie sie im Ausland verbreitet und leider jetzt auch bei uns hier und da gebräuchlich sind, dürfen wir gar nicht reden. Fürst Pückler-Muskau bemerkt einmal als charakteristisch, dass in vielen Provinzen Frankreichs der Kaffee aus Tellern mit Löffeln gegessen werde, das hinge mit der französischen Lust am Suppe essen zusammen. Wir, die wir einst als Rekruten eine Kaserne verschönt haben, kennen ja solch ein Kaffeelöffeln aus eigener Erfahrung. Zu Pücklers Zeit trank man – im Gegensatz zu dem oben Gesagten – in Deutschland den Kaffee aus kleinen, in England aus großen Tassen. Die Italiener tranken ihn gar aus Biergläsern.

Grimod de la Reynière erzählt aus seiner Zeit (es sind die Jahre um 1800) folgendes: „Der Kaffee, der früher vom Haushofmeister in Begleitung eines Dieners mit dem Kaffeebrett, auf welchem die Tassen und die Zuckerdose standen, aus der Kanne im Rundgange an die Gäste verteilt ward, wird heute in einem eleganten, mit einem Hahne versehenen und von den Tassen umgebenen Behälter serviert, der sich auf einem Doppel-Gueridon in der Mitte des Salons befindet. Der Wirt selbst oder auch einer seiner dienstbaren Geister füllen daraus die Tassen, nachdem jeder Gast die seine nach Belieben mit Zucker versehen hat. Alsdann nimmt jeder seinen Kaffee in einer Ecke des Salons ein. Dabei ist aber zu beachten, dass man dem Gebrauche gemäß aus der Tasse

selbst trinken muss, und dass es, so glühend heiß auch der Trank sei, nicht erlaubt ist, ihn in die Untertasse zu gießen: das verriete einen Mangel an guter Lebensart."

Theodor Fontane berichtet in seinem reizvollen Erinnerungsbuche „Meine Kinderjahre", dass ums Jahr 1890 jeder Mensch Tassen mit Zwiebelmuster zu besitzen wünschte. In seiner Kindheit, also um 1820, besaß seine Mutter eine Galerie verschiedenartiger Tassen mit Miniaturbildern. In der Regel sah man darauf einen Amor, der sich ans Knie der Venus schmiegte und seinen Pfeil schärfte, meist aber schon den Bogen spannte, um ein vor einem Gebüsch stehendes leicht bekleidetes Paar mit seinem Liebespfeil zu treffen. Von den Sammlern alten Kaffeegeschirrs wollen wir aber nur nicht erst zu reden anfangen, der Laie ahnt gar nicht, welch unerhörte Fülle von Herrlichkeit hier über ihn ausgeschüttet werden könnte. Ein Besucher Nürnbergs sollte es nicht versäumen, sich das schöne Kaffeegeschirr in den Sammlungen des dortigen Bayrischen Gewerbemuseums anzusehen.

Welch ein hübsches Geschenk ist doch eine zierliche Kaffeetasse! Es war am letzten Weihnachtsfest vor dem Kriege, da weilte ich als Gast eines unverheirateten Arztes in Leipzig. Und während er am Heiligen Abend nach dem gemeinsamen Festschmaus, bestehend aus einem riesigen Steinbutt und einer kapitalen Gans, die wir zu dritt verzehrt hatten, in seinem Sorgenstuhl einnickte – vielleicht hatte auch der stark strömende Burgunder sein Teil dazu beigetragen – machte ich unter Assistenz meines Reisebegleiters, eines jüngeren Freundes aus dem Baltikum, Gedichte zu kleinen Geschenken, die mein medizinischer Freund am ersten Weihnachtstage als Festgaben bei einem Kaffeeklatsch an eine Reihe von jungen Damen, die ihm befreundet, verteilen wollte. Er hatte sie gleich alle zusammen zu sich auf seine Bude geladen. Diese Geschenke bestanden aus lauter Kleinigkeiten, die an sich wohl allzu bescheiden waren, um irgendeinen großen Eindruck zu machen, und da war ich auf die Idee gekommen, diesen unscheinbaren Dingen mit ein wenig Poesie auf die Beine zu helfen, ihnen ein bisschen mehr Farbe und Bedeutung zu geben. Während nun der Jünger Askulaps seinen Verdauungsschlaf absolvierte, schmiedete ich auf Teufel komm heraus die tollsten Verse zu allerlei Nippsachen, Taschenkalendern, Federwischern, Parfümfläschchen, Kaffeetassen, Inselalmanachen und was dergleichen Zeugs mehr war. Diktierte diese oft sehr langen Gedichte meinem jungen Freunde, der ganz begeistert von solchem Tun war und mit seinen Einfällen auch hier und da nach bestem Vermögen helfend einsprang, in die Feder. Drei Stunden hindurch wurde gedichtet. Eines der kürzeren Gedichte, das mir noch im Gedächtnis geblieben ist und sich auf eine der zu überreichenden Kaffeetassen bezog, will ich der Kuriosität und seines transzendentalen Blödsinns wegen hierhersetzen.

Tasse I an Trude: Willst du die Tasse verstehen,/ Musst du selbst Tasse sein,/ Kaffeeduft wird dich umwehen,/ Führt ins Nirwana dich ein./ Denk dir, mein Liebchen, du wärest/ Tasse und dennoch auch du/ Tränkst dich aus dir und gebärest/ Tausend Tässchen dazu.

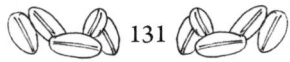

131

Die Mädchen, die dann am nächsten Nachmittag zum Festkaffee mit viel Kuchen ihre kleinen Geschenke nebst zugehörigem Gedicht feierlich überreicht erhielten, waren von diesen zahlreichen dichterischen Expektorationen und verifizierten Bocksprüngen mindestens ebenso entzückt wie von den neckischen Miniaturgaben und flossen vor Dankbarkeit über.

Ich selbst bin auf meinen bunten Vorrat an Mokka- und Kaffeetassen, der von Jahr zu Jahr größer wird und sich zu einer kleinen Sammlung auszuwachsen droht, recht stolz, und jeder Gast kann, ganz seiner Individualität und seiner Geschmacksrichtung entsprechend, die Tasse erhalten, die am besten zu ihm passt. Ja, es weht eine sinnvolle Atmosphäre um das Porzellan, das nach Peter Schnäuzchen seinen Namen daher hat, weil es gar zu leicht hinporzelt. Das ist aber auch sein einziger Fehler.

Von den Angreifern und von den Verteidigern des Kaffees

Ich besitze in meiner gastronomischen Sammlung ein kurioses Büchlein, das den Titel trägt: „D e r S e l b s t m o r d . Eine Erzählung." Es erschien zu Leipzig und Zwickau „bey Christian Lebrecht Stielern" und trägt keine Jahreszahl, kam jedoch vor 1772 heraus, denn in diesem Jahr erschien ein datierter Druck bei einem anderen Verleger. Der Verfasser dieses in Versen abgefassten Werkchens hält sich im Verborgenen und lässt sich auch nirgends nachweisen, aber ein großer Dichter war es gewiss nicht, der es geschrieben hat. Es handelt keineswegs – wie man vielleicht denken könnte – von einer Verurteilung oder gar Verherrlichung des Selbstmordes – denn „Werthers Leiden" erschienen ja ein paar Jährchen später – sondern es handelt sich – wer hätte das je erraten? – um eine verifizierte Kampfschrift gegen den Kaffee. Das originelle Titelkupfer zeigt einen alten bebrillten und mit Pelzmütze geschmückten Mann im Lehnstuhl, seine Krücken liegen ihm im Arm. Dozierend hält er eine Kaffeetasse in der Hand, und vor ihm stehen drei Damen, die ebenso Kaffeetassen in den Händen haben. In der graziösen Rokoko-Umrahmung bemerken wir eine Art Kaffeemaschine, Kanne, Tasse und Zuckerdose. Die Vignette auf dem Titelblatte zeigt uns Pluto in der Unterwelt nebst seinen Vasallen. Im Vordergrunde fließt der Styx, und auf diesem schwimmt Charons Nachen, beladen mit einem Ballen und einem Fass. Wie uns der Text des Büchleins verrät, besteht diese Fracht aus Kaffee. Ja, aus Kaffee, dem Vernichter der Menschheit!

Unter dem Titel steht als Motto ein Ausspruch Tissots, jenes – ich möchte sagen, berüchtigten französischen Arztes, der seine Lebensaufgabe darin suchte, seinen Zeitgenossen allerlei heimliche Sünden und Laster recht schwarz in schwarz zu malen, um sie auf so schreckhafte Art davor zu warnen. Es lautet: „Man weiß, dass man sich vergiftet, allein das Gift ist süß, und man verschluckt es." Die als „Zueignungsschrift an

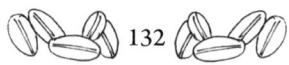

Herrn Orgon" frisierte Einleitung in Prosa geht schon gleich sehr energisch gegen den Kaffee vor. Vor allem plädiert sie für Sparsamkeit: „Ach, wie vieles schöne Geld wird nicht täglich warm vertrunken!" Wie schrecklich, wenn glückliche Erben ein mühselig zusammengebrachtes Vermögen zum Schaden ihrer Gesundheit durchbringen und es, statt auf Zinsen anzulegen, leichtsinnig vermindern, „es lustig vertun und gegen fremde Leckereien außer Landes schicken". Der Verfasser nimmt sich Herrn Orgon persönlich vor: „Denn ihre einzige Erbin, die hinterlassene Jungfer Tochter ihres verstorbenen unwirtschaftlichen Herrn Bruders, liebt den Putz trägt große Carcassen, tanzt gerne, spielt Trisset und Tarok, u n d w a s d a s S c h l i m m s t e u n d V e r d e r b l i c h s t e i s t , s i e t r i n k t C o f f e e !" Er überlege es doch: „Denn brauchen Sie wenigstens nur zum Coffee jährlich 100 Taler, denken Sie ökonomischer Herr Orgon, dieses sind die Interessen von 2000 Talern. Und die allein nur vor Coffee? Vor eine Ware, die weder satt noch froh macht?" Und der Verfasser liest seinen fünfzehn Seiten langen Sermon mit der Versicherung, dass er ein Eiferer wider alle Verschwender und ein geschworener Feind der fremden kostbaren und geldfressenden Getränke sei.

Die poetische Haupthandlung des Buches spielt im Tartarus. Charon beschwert sich bei Pluto, dass er sein Amt, Tote überzusetzen, nicht ausüben könne, da keine Toten vorhanden seien. Still läge sein Kahn. Ja, schlimm stände es um Plutos Reich, seitdem in Deutschland Frieden herrsche, die Barbarei abgeschafft sei und die ärztliche Wissenschaft große Fortschritte gemacht habe. Wie könne das Reich der Unterwelt bestehen, „… wenn auf der Erden/ die Mittel, zeitig aus der Welt zu gehen,/ so sehr entfernt, gehindert und verbannet werden?"

Was soll in solchen brotlosen Zeiten mit seinem Kahn geschehen? Aber trotz aller Überlegung weiß die plutonische Ratsversammlung keinerlei Rat, wie sie es anfangen solle, wieder „Europens Leichen zu vermehren". Da, in dieser höchsten Verlegenheit, tritt ein junger „Genius" auf, der gerade von einer Auslandsreise zurückgekommen. Er nennt sich Neoterus und gibt den Würdenträgern den freundlichen Rat, Europens Volk den Selbstmord zu lehren. Und um den Tartarus wieder zu bevölkern, schlägt er als bestes Mittel dazu den Kaffee vor. Er gibt seinen Zuhörern zuerst eine hübsche Schilderung des Kaffeebaumes mit seinen Blüten und Früchten und dann – für uns Heutige recht interessant – eine Anweisung zur Kaffeebereitung, wobei des Kaffeesackes (der ja jetzt noch häufig in Gebrauch ist) Erwähnung geschieht. Als Beigaben empfiehlt er Zucker und Sahne. Der Theorie folgt die Praxis auf dem Fuße: er lässt nach seinem Vortrag den Göttern der Unterwelt Kaffeeschalen, gefüllt mit dem neuen Tranke, darreichen. Er schmeckt allen ganz vortrefflich. Der Proserpina gefallen ganz besonders die allerliebsten Kaffeeschälchen.

Bald danach wird eine zweite Versammlung einberufen, bei der ein Teilnehmer die Bemerkung macht, er könne nicht glauben, dass solch herrlicher Trank je zu einem Gifte werden könne, dass vielmehr dessen aromatisches Öl die Menschen von mancher Schwächlichkeit befreien, den Magen stärken, die Verdauung fördern, den Schleim

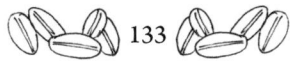

zerteilen und das Kopfweh heilen müsste. Dies war – nebenbei gesagt – die Ansicht vieler Ärzte der damaligen Zeit. Neoterus entgegnet darauf, dass dies bei mäßigem Gebrauch der Fall sein möge, aber die Oberwelt würde den Kaffee im Übermaß genießen, weil er ein fremdes Produkt und teuer sei und so überaus angenehm munde. Hierdurch aber würden der Magen geschwächt, die Nerven überreizt, die Verdauungskraft vernichtet, die Säfte verdorben und der Grund zu zahlreichen Krankheiten gelegt. Die Folgen wären dann: Beklemmung, Angst, Herzklopfen, Mattigkeit, Mangel an Esslust, Gliederzittern, Kopfweh, Verstopfung, Friesel und schleichendes Fieber. Am schwersten leiden würden die Stubenhocker, die Gelehrten, und die lieben Frauenzimmer, die immerzu Kaffee trinken wollten. So würde also dies Getränk Unheil über Unheil stiften und alle seine Liebhaber vergiften. Es käme daher auf nichts anderes hinaus als auf einen regelrechten Selbstmord. Dem Einwand, dass die Ärzte vor dem Kaffee warnen würden, weist Neoterus zurück, weil die Ärzte selbst gerne Kaffee tränken und ihn sogar in ihr Arzneiverzeichnis eintragen würden. Überdies gäbe es auch keine Einigkeit unter ihnen usw. Nach dieser Rede bestellt sich Charon sofort einen neuen Kahn. Zuletzt prophezeit der Seher Artemidor aus dem Kaffeesatz die große Verbreitung des Kaffees unter allen Ständen. Er sagt: „Kurz, der Trank wird Mode/ In Europens Welt,/ Man trinkt sich zu Tode,/ Trinkt, bis man verfällt."

Derartige Strophen laufen noch seitenlang, sie schildern all das Furchtbare, das der Kaffeegenuss der Welt bringen wird, und auf die Weise verläuft ohne Abschluss und Pointe die ganze Verserzählung recht trostlos im Sande.

Ich habe den Inhalt dieses wohl äußerst seltenen Kuriosums so ausführlich angegeben, weil es für die ganze Literatur der Zeit, soweit sie sich auf den Kaffee bezieht, typisch ist. Bemerkenswert ist übrigens der oben angeführte Vermerk, dass häufiger Kaffeegenuss Friesel erzeugen solle. Rivinus hatte den Kaffee als erster beschuldigt, der Vater des Friesels zu sein, und nach ihm wurde diese Meinung fast allgemein. Der damals sehr bekannte Friedrich Hofmann schob den Friesel dem Missbrauch warmer Getränke, besonders des Kaffees, in die Schuhe, und es ist Tatsache, dass, als Ende der 60er Jahre in Leipzig der (oder das) Friesel als ansteckende Krankheit epidemisch auftrat, man allgemein dem Kaffee die Schuld gab, der gerade in dieser Stadt überaus stark konsumiert wurde. Die Seuche erlosch nach einiger Zeit, aber der Kaffee wurde in noch größeren Quantitäten genossen als vorher.

Die Klagen, dass die Einfuhr des Kaffees das Geld außer Landes brächte, waren damals überall zu hören, und so ist bekannt, dass Friedrich der Große den Kaffee mit außerordentlich hohen Abgaben belegte, um diesen Verlust nicht nur wieder auszugleichen, sondern auch dadurch mehr Geld in die Staatskasse zu bringen. Man darf nämlich nicht vergessen, dass zu einer Zeit, da der Kaffee ausschließlich aus Arabien bezogen wurde, die Kaffeepreise außerordentlich hoch waren. Anfängliche Versuche, ihn in Europa anzubauen, waren fehlgeschlagen. Die ersten Erfolge, ihn auch in andern Ländern heimisch zu machen, hatte der Amsterdamer Bürgermeister Witsen aufzuweisen, der den Gouverneur van Hoorn dazu gebracht hatte, Kaffee in Batavia anzupflanzen.

Unter Friedrich dem Großen wurde die Kaffeeeinfuhr monopolisiert, der Verkauf nur in großen Mengen erlaubt, wie auch das Brennen der Kaffeebohnen nur staatlichen Instituten oder bestimmten Gesellschaftsklassen gegen Lösung eines besonderen Erlaubnisscheines gestattet war. Auch andere deutsche Fürsten erließen ähnliche Kaffeeverbote. Am eigenartigsten ist wohl das Hildesheimer Kaffeeverbot vom 4. Januar 1768, das sich aus 12 Paragraphen zusammensetzte: Bürger, Handwerksgesellen, Bauern und Hausangestellte durften keinen Kaffee trinken. Jedes Vergehen dagegen wurde mit sechs Mariengroschen bestraft. In keinem Laden durfte gebrannter oder gemahlener, nur roher Kaffee, und nur in bestimmten Quantitäten, verkauft werden. Zuwiderhandlungen wurden mit 20 Talern Strafe belegt. Auf Jahrmärkten durften keine Kaffeemühlen, auch kein Kaffee, verkauft werden. Gastwirte durften nur an Reisende Kaffee verabfolgen, selbst aber keinen trinken. Gesellen, die sich einen Morgenkaffee ausbedingen wollten, sollten mit 24 Stunden Arrest bestraft werden. Kaffeeschulden waren nicht einklagbar u.v.a.m. Am lustigsten ist wohl §4, in dem es heißt: „Diejenigen, welchen das Kaffeetrinken hierdurch verboten wird, sollen sich binnen drei Monaten ihres Kaffeegeschirrs, so gut sie können, entledigen, sonst wird es konfisziert."

1780 besagte ein hessisches Kaffeeverbot, dass derjenige Krämer, der einem gemeinen Manne ein Lot Kaffee verkaufe, 20 Taler Strafe zahlen solle. Auf ähnliche Art ging man auch in andern Städten gegen den Kaffeegenuss vor, allerdings ohne sonderlichen Erfolg. Das erste derartige Kaffeeverbot soll im Jahre 1756 in Schweden erfolgt sein, merkwürdig spät, muss man sagen. Man kann daraus schließen, dass der Kaffeeverbrauch in den ersten Zeiten ein sehr geringer gewesen und dass sich das allgemeine Kaffeetrinken nur sehr langsam verbreitete. Im 17. Jahrhundert wurde der Kaffee noch zumeist als reine Arznei betrachtet. Aber merkwürdigerweise ist schon in dieser Frühzeit die Literatur über den Kaffee außerordentlich umfangreich, ein Beweis, welches Aufsehen dieses neue wunderbare Getränk machte. Ich erinnere hier nur kurz an die Bücher von Magri (1665), Naironi (1671), Togni (1675), Mappus (1675), Blegny (1680), Pauli (1691), Desdier (1684), Chamberlain (1685), Dufour (1685) u.a. Mindestens sechs wichtige Werke lassen sich allein noch aus dem 17. Jahrhundert anführen. Weit mehr erschienen dann in der ersten Hälfte des 18. Jahrhunderts. Und nun begann man erst systematisch, die schädlichen Eigenschaften des Kaffees hervorzukehren; während man vorher seine arzneilichen Kräfte gerühmt hatte. Das hängt natürlich mit der zunehmenden Verbreitung und dem Steigen des Kaffeeverbrauchs zusammen. Denn immer häufiger findet sich das Wort „Missbrauch" auf den Büchertiteln.

Aber erst in der zweiten Hälfte des 18. Jahrhunderts tauchen jene Schriften auf, die sich ausschließlich feindlich gegen den Kaffee stellen, wie z.B. die von Carl Georg Paldanus: „Über die Schädlichkeit des Kaffees, Tabacks und Branntweins" (Bamberg 1788) oder die von Daniel Gottlieb Schrocka: „Über Kaffee und Tabak, ein Aufruf"

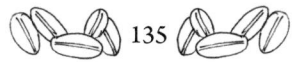

usw. (Breslau 1799). In v. Cölns „Beiträgen zur Beförderung der Volksbildung" (1803, Stück 4) schrieb sogar die Fürstin Pauline Christine Wilhelmine von Lippe-Detmold eine Abhandlung gegen den Kaffee mit der Überschrift „Über ein schädliches, zerstörendes Gift, das allgemein zu verfertigen erlaubt und sogar obrigkeitlich befördert wird." Noch im Jahre 1827 erschien ein Büchlein von Buchar Dertel „Der Caffee, der Ruin der Menschheit" zu Rothenburg.

Für Englands nur allzu regen Kaufmannsgeist ist es übrigens bezeichnend, dass sich der Widerstand erst legte, als der Kaffee in den eigenen amerikanischen Kolonien angebaut und von dort eingeführt wurde, während der Tee, der von der holländisch-indischen Gesellschaft bezogen werden musste, als Volksgefahr ausgeschrien wurde. Mit dem Ausdruck „Volksverführer" waren auch im Deutschland des 18. Jahrhunderts Tee und Kaffee beehrt worden. Bei der so plötzlichen und schnellen Verbreitung des Kaffees sprach man geradezu von einer Kaffeeseuche, und auch hier kam der Hauptwiderstand von den Geschäftsleuten, besonders von den Bierbrauern, Winzern, Weinhändlern und Wirten, die sich in ihrer Existenz bedroht fühlten. Dabei hatte Mirabeau das gewiss wahre Wort gesprochen: „Tee und Kaffee haben dem Laster der Trunkenheit kräftigere Schranken gesetzt als die Lehren der Moralisten, die Wissenschaften und die Aufklärungen." Michelet hat gesagt: „Der Kaffee, dieser besonnen machende Trank von so gewaltiger Wirkung auf das Gehirn, welcher, ganz im Gegensatz zu den geistigen Getränken, die Klarheit und Nüchternheit verstärkt, der Kaffee, der die dumpfe und lastende Poesie der schwelenden Phantasie unterdrückt, der aus der gut angeschauten Wirklichkeit den Funken der Wahrheit hervorsprühen lässt."

Wie wenig aber alle Kaffeeverbote je geholfen haben, war lange vorher von den Arabern, von denen Europa seinen Kaffee bekam, bewiesen worden. Denn immer wieder waren dort Streitigkeiten entstanden über die Frage, ob der Kaffee ein erlaubtes Getränk sei oder nicht. Indem ihn einige für ein erheiterndes Mittel erklärten, das zur Gottesverehrung anrege, verurteilten ihn andere als unreines Getränk, das Körper und Geist benachteilige. Die Folge waren immer wieder erneute Kaffeeverbote, und im Jahre 1534 war es in Kairo sogar so weit gekommen, dass das durch einen Fanatiker aufgehetzte Volk die Kaffeehäuser zerstört hatte.

Um das Jahr 1800 zählt der aufgeklärte Verfasser des amüsanten gastronomischen Werkes „C o u r s   G a s t r o n o m i q u e", Cadet de Gassicourt, Kaffee und Tee noch zu den angenehmen Giften, und jemand aus der gastronomischen Runde, die sich in diesem wissensreichen Buche durch Rede und Gegenrede unterhält und unterrichtet, führt aus, dass Tee und Kaffee in reichem Maße einen zusammenziehenden Grundstoff enthielten, den man Galläpfel- oder Gallussäure nenne, und dessen Eigenschaft es sei, die Geschmacksnerven zusammenzuziehen. Er ist des Weiteren der Meinung, dass der Kaffee überdies für die Männer die üble Eigenschaft besäße, die Zeit ihrer Liebesfreuden zu verkürzen. Zur Erklärung erzähle er eine Haremsanekdote, die wir an dieser Stelle wohl nicht gut wiedergeben können. Schon Olearins hatte in seinem bekannten

Reisewerk versichert, dass die Perser aus keinem andern Grunde Kaffee tränken, weil ihnen sonst die allzu vielen Kinder zur Last würden. Bei dieser Gelegenheit gibt Olearius eine Anekdote vom Sultan Machmud Casinn zum Besten. Es ist dieselbe, die – dort nur ohne Namensnennung – im „Cours Gastronomique" erzählt wird. Aber schon längst hatte dagegen der sehr vernünftige Krüger, auf den wir gleich zu sprechen kommen werden, eingewendet, dass die häufigen Kinder der Türken doch das Gegenteil bewiesen.

Gegen eine solche Hypothese spricht auch ein sehr lustiges Vorkommnis, welches der bekannte Fürst Pückler-Muskau in seinem Buche „Der Vorläufer" (Stuttgart 1838, S. 245 f.) wiedergibt. Im einsamen Kloster zu Naxos bewirtet ihn, den Weltreisenden, ein eigenartiger Kapuziner, der ihm im Verlauf eines Gesprächs allerlei komische Züge eines spleenigen Engländers schildert, der bei ihm eine Zeitlang Aufenthalt genommen. Dieser britische Kauz hatte in seinem Reisehandbuch gelesen, dass man in Griechenland, um dem Fieber zu entgehen, Wein und Wasser meiden und sich ausschließlich an Kaffee halten müsse. Infolgedessen lehnte er jeden ihm freundlich dargebotenen Wein, der gerade hier in besonderer Qualität wuchs, sehr zum Ärger des Kapuzinerpaters ab und hielt sich ausschließlich an den Kaffee, den er zu jeder Tages- und Nachtzeit und bei allen Mahlzeiten trank, und zwar in ganz ungeheuerlichen Quantitäten. Er soff ganze Suppenterrinen davon aus, da er seinen Durst mit nichts anderem löschen zu wollen erklärte, solange er auf griechischem Boden weile. Seine Abreise war sehr plötzlich und wurde dadurch veranlasst, dass er eines Abends von dem Kapuzinerpater verlangte, ihm augenblicklich eine Gefährtin zu verschaffen, da er des Alleinseins überdrüssig sei. Da sich jedoch der heilige Mann, wie man wohl verstehen kann, gegen ein solches Ansinnen sträubte, verließ der Kaffeeselige und nun plötzlich liebesdurstig gewordene Engländer augenblicklich und sehr erzürnt die gastliche Klosterklause, allerlei von c a t t i v a   g e n t e und d a m n e d   p a p i s t s vor sich hinmurmelnd. Augenscheinlich hatte hier der Kaffeegenuss eine ganz entgegengesetzte Wirkung gehabt, als sie die Perser für sich von ihm erhofften.

Sehr eingehend spricht der Physiker und Arzt Johann Gottlob Krüger in seiner 1751 zu Halle erschienenen „Diät" über den Kaffee, dessen Naturgeschichte, Bereitung und Wirkung. Es ist wohl das Eingehendste und Beste, was ein Arzt des 18. Jahrhunderts darüber berichtet hat, so, dass andere Autoren, sogar noch solche, die ein halbes Jahrhundert später über den Kaffee schrieben, sich nicht geschämt haben, Krügers Ausführungen – ohne ihn auch nur mit einem Worte als ihre Quelle namhaft zu machen – Wort für Wort auszuschreiben und zu bestehlen.

Vortrefflich sind Krügers Darstellungen in historischer und naturgeschichtlicher Hinsicht, beachtenswert ist auch seine Ansicht über das Rösten und die Zubereitung des Kaffees. Aber ein wenig skeptisch sieht er der guten Wirkung desselben gegenüber, und recht ironisch wendet er sich gegen die allzu eifrigen Lobredner des braunen Trankes. So sagt er z.B.: „Bontekoe hat sich fast den Hals abgeschrien, damit er der Welt die Vortrefflichkeit des Kaffees, Thees und Tobacks anpreisen können. Er hat in seinen

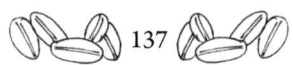

Schriften von dieser Materie fast alle Stände durchgegangen und diese Sachen ihnen auf eine solche Art angepriesen, dass man aus dem Atem kommen würde, wenn man alle Ausrufungen: o ihr Prinzen! o ihr Kaufleute! o ihr Gelehrten! o ihr Kranken! nach dem gehörigen Affekt ausrufen wollte. Vermutlich werden ihm die Holländer die Mühe vergolten haben, dass er der Welt ihre Waren so angepriesen" usw. So viele lobenswerte Eigenschaften aber auch Krüger dem Kaffee einräumt, so meint er doch: so gut auch der Kaffee sei, es erscheine ihm nicht ratsam, ihn von morgens bis abends zu trinken, da er den Magen schlaff mache und den Appetit verringere. Vollblütigen errege er fieberhafte Wallungen mit Hitze und Herzklopfen und er treibe den Schweiß, sodass körperliche Kräfte verloren gingen. Auch schade dann oft in solchem Zustande die kühle Luft. Abends genossen, verursache der Kaffee unruhigen Schlaf. Nach diesen Bemerkungen wendet sich Krüger jedoch gegen die unbedenklichen Verurteiler des Kaffees mit ihren falschen Schlüssen und begründet dann alle seine Behauptungen mit vernünftigen Worten, die wir hier – um Weitschweifigkeiten zu vermeiden – nicht wiederholen können. Krüger wägt Nutzen und Schaden des Kaffees gegeneinander ab und sagt dann sehr richtig – und das ist ein Umstand, an den selbst heute noch die Ärzte sehr selten denken –, dass das, was dem einen schädlich, für den andern sehr vorteilhaft sein könne, und er schließt mit den weisen Worten: „Prüfe selbst, was deinem Leibe gesund ist!"

Beinahe noch beachtenswerter ist das, was der angesehene Hamburger Arzt Johann August Unzer im 62. Stück seiner medizinischen Wochenschrift „Der Arzt" (Theil 111, Hamburg 1760) über den Kaffee schreibt, seine Ausführungen im Einzelnen wiederzugeben, würde, so lehrreich und amüsant es auch wäre, viel zu weit führen. Nach einem historischen Überblick kommt auch er auf die arzneilichen Eigenschaften des Kaffees zu sprechen, wobei er auch die häufig recht kuriosen Ansichten älterer Ärzte und Naturforscher wiedergibt. Er führt Triller, Boerhave, Thierry, Vesling, Dufour, Lemery, Profper Alpinus, Rivinus, Friedrich Hofmann, Geoffroy, James und andere wissenschaftliche Autoren an. Da ergeben sich dann die entgegengesetzten Meinungen, die merkwürdigsten Widersprüche. Zuletzt meint Unzer, dass es jetzt nicht mehr an der Zeit sei, Wunder vom Kaffee zu rühmen oder seine großen Gefahren zu prophezeien. Man dürfe ihn unbesorgt genießen, nur nicht allzu oft, nicht gar zu stark und nicht allein aus bloßer Gewohnheit, selbst dann noch, wenn man eigentlich keinen Appetit auf ihn hat. Mehr könne ein Arzt überhaupt nicht vom Kaffeegenusse sagen, nur müsse man etwas vorsichtiger als beim Tee sein. Genau dasselbe wird auch ein vernünftig denkender Arzt unserer heutigen Zeit vom Kaffee sagen. Und doch ist der tollste Unsinn noch lange nach Unzer über dies harmlose Getränk geschrieben worden, bis in unsere Tage hinein.

Recht unsinnig waren aber auch manche Kaffeeempfehlungen vor hundert und mehr Jahren. Man empfahl ihn gegen die Bleichsucht, gegen das bohrende Kopfweh, gegen Rheumatismus, kurz gegen Krankheiten, denen der Kaffee gewiss keine Heilung, in solchen Fällen weit eher Schaden zu bringen vermochte. Man konnte gegen Ende des 18. Jahrhunderts in fast allen medizinischen Schriften lesen, dass warme

Getränke den Magen erschlafften und unumgänglich Schwäche erzeugten, und diese Meinung vertraten sogar sehr aufgeklärte Ärzte. In einem reizend ausgestatteten populär-wissenschaftlichen Büchlein aus dem Jahre 1795 über die Mittel zur Erlangung und Erhaltung eines schönen Busens wird gesagt, dass allzu heißer und besonders zu dünner und schwacher Kaffee dem Busen schade, der seine Festigkeit dadurch verliere und eine gelbliche Hautfärbung bekäme. Andere, wie z.B. Franz Thomas Jung, schrieben, dass geistige Getränke wie Wein und Schnaps den Menschen rauh, hartherzig, bösartig und faul machten, warme Getränke wie Tee und Kaffee jedoch sanft, zart, gutherzig und mildtätig. Der angesehene Dufour versicherte damals, dass in England die Gicht und die Wassersucht seltene Krankheiten geworden wären, seitdem man daselbst angefangen habe, Kaffee zu trinken, und dass er gegen den Scharbock, den Durchlauf und die Ruhr ein vortreffliches Mittel sei.

Triller erzählte, dass er im Jahre 1731 bei dem berühmten Boerhave gespeist und von ihm vernommen, dass Kaffee mit Honig ein Mittel wider das „ergrimmte Seitenstechen" wäre. Bontekoe war ja noch viel weiter gegangen und hatte den Kaffee als Universalmedizin gegen sämtliche Krankheiten angepriesen. In Hübners „Curiösem und realem Natur-, Kunst-, Berg-, Gewerck- und Handlungs-Lexikon" von 1755 können wir geradezu einen Extrakt aus der damaligen Gesundheitsliteratur finden, und wir werden blass vor Staunen, wenn wir lesen, wozu der Kaffee alles nütze sein soll, so gegen den Stein, das Podagra, den Husten, gegen Wallungen. Er soll Magen und Kopf stärken, die Blutzirkulation anregen, das Blut verdünnen usw. Anno 1713 hatte ein gewisser Andry in einem Traktat behauptet, dass es besser sei, die Bohnen nicht zu brennen, ganz zu lassen und wie Tee zu kochen. Dieser Absud schmecke angenehmer und süßer als der auf die übliche Art bereitete Kaffee und habe viel stärkere arzneiliche Wirkungen, und was dergleichen Unsinn mehr war. Hier war ein Gebiet, wo sich alle Charlatane munter tummeln konnten. Aber nun genug von diesen krausen und grotesken Dingen.

Wir Kaffeetrinker von anno 1930, denen der schwarze Zaubertrank zum täglichen und unentbehrlichen Ingredienz des Daseins, ja zum teuersten Freund und Berater geworden ist, wissen es ja schließlich aus eigener Erfahrung, ob er uns bekommt und wozu er uns nütze ist. Wir haben seine Eigenschaften am eigenen Leibe erproben können und sie als gar treffliche erkannt. Welcher enthusiasmierte Kaffeeliebhaber wird etwas Nachteiliges gegen ihn vorbringen können? Gesunden Menschen schadet er gewiss nicht.

Man entzieht heute vielfach dem Kaffee sein angebliches Gift, das Koffein. Für Leute, die es wirklich nicht vertragen können, mag das gut sein. Uns eigentlichen Kaffeeisten aber kommt das so vor, als ob man einem Lebewesen seine Seele extrahieren wollte. Wir trinken ja den Kaffee seines Koffeins wegen, das uns belebt und anregt. Schon der große Pettenkofer hat gesagt in Hinsicht auf das Verfahren, dem Kaffee das Koffein zu entziehen: „Man soll das Experiment, einem Genussmittel wertvolle

Bestandteile zu entnehmen, bleiben lassen." Und der Münchener Professor Dr. W. Straub hat sich in einem Vortrag über die Genussgifte, den er Ende September 1926 in Düsseldorf auf einer Versammlung der deutschen Naturforscher und Ärzte gehalten, folgendermaßen geäußert:

„Das Koffein ist enthalten im Kaffee, Tee, im Kola und im Mate. Es wirkt auf viele Organe unseres Körpers, aber immer nur fördernd. Es ist ein Mittel zur Bekämpfung von Schlaf und Schlaflosigkeit, zur Erhöhung der geistigen Leistungsfähigkeit ohne Gewöhnung und ohne Gefahr der Erzeugung einer Sucht, und darin dürfte seine allgemeine Wertschätzung begründet sein. Für den normalen Menschen ist Koffein unter allen Genussgiften der Gipfel der Harmlosigkeit; das hindert nicht, dass gewisse Herzkranke schon die kleinen Mengen der Genussdosis Koffein unliebsam spüren."

Gegen den Alkohol gehalten, hat übrigens das Koffein neben seinen andern Vorzügen noch einen besonders schönen: Während bei einem Gewohnheitstrinker der Alkohol immer schneller aus dem Körper, der die Fähigkeit besitzt, ihn rasch zu zerstören, ausgeschieden wird, sodass der Trinker gezwungen ist, immer größere Alkoholmengen zu sich zu nehmen, um die gleiche Wirkung zu erreichen; so wird das Koffein immer in der gleichen Geschwindigkeit aus dem Körper ausgeschieden, gleichgültig, ob es sich um einen Säugling oder um einen erwachsenen starken Kaffeetrinker handelt. Es kann daher auch niemals zur Abschwächung der Wirkung des Kaffees kommen, sodass eine Steigerung des Kaffeeverbrauchs unnötig wird. Die Wirkung einer Tasse Kaffee, die z.B. 0,1 Gramm Koffein enthält, dauert vier Stunden an, einerlei, ob es sich um einen Gewohnheitskaffeetrinker oder um einen handelt, der zum ersten Mal in seinem Leben Kaffee trinkt. Hat die Kenntnis dieser Tatsache, von der neuesten Forschung festgestellt, nicht etwas ungemein Beruhigendes für alle Kaffeefreunde?

Ich habe gegen Schluss des Krieges, anno 1918, als der echte Kaffee sehr rar wurde, auf einem der schönsten Schlösser Kurlands einen sogenannten Ersatzkaffee getrunken, die geniale Erfindung der vortrefflichen alten Köchin, welche seit Olims Zeiten die Schlossbewohner mit ihrer göttlichen Kunst beglückte, der hinsichtlich des Geschmacks dem echten Kaffee völlig gleich war. Er schmeckte wirklich vorzüglich. Umso merkwürdiger aber war das Gefühl, das er auslöste. Es war die Empfindung einer gewissen Leere, es fehlte einem etwas, nämlich das unmittelbar Belebende, das eben das Koffein erzeugt. Es war etwa so, als ob man vor einem rotglühenden Ofen säße, der nicht einen Hauch von Wärme ausstrahlt. Der Geschmack tut es beim Kaffee eben doch nicht allein.

Wir Ritter vom Geiste – pardon – trinken nun einmal den Kaffee des Koffeins wegen, nicht allein wegen seines schönen Geschmacks, den wir aber keineswegs dabei unterschätzen. Sollte das Koffein wirklich ein Gift sein, so nehmen wir es in den Kauf, mit jener unnachahmlich nonchalanten vornehmen Geste, die Leuten von Rang eben eigen. Und dabei werden wir noch nicht einmal zu Märtyrern, denn es gibt gewaltige Kaffeetrinker, geradezu Kaffeesäufer, die alt wie Methusalem geworden sind.

Merkwürdige Kaffeehäuser

Die Geschichte des Kaffees ist noch nicht so alt, wie man glauben möchte. Erst im fünfzehnten Jahrhundert verbreitete sich, von Abessinien ausgehend, die Sitte des Kaffeetrinkens in Arabien. Die ersten Kaffeehäuser nannte man „Schulen der Weisheit" oder „Schulen der Erkenntnis", weil sich hier, die geistig anregende Kraft des braunen Trankes wohl kennend, Weise und Dichter zu versammeln pflegten, um ihre Meinungen und Gedanken in behaglichem Gespräch untereinander auszutauschen. – Von Aden aus kam der Gebrauch des Kaffees nach Mekka, und von hier nach Ägypten und Syrien. Erst 1517 soll der Kaffee, anlässlich der Eroberung Ägyptens durch Sultan Selim, nach Konstantinopel gekommen sein. 1554 wurde hier das erste Kaffeehaus errichtet. Diese Neuerung fand solchen Anklang, dass bald weitere Kaffeehäuser eröffnet wurden, die zum Teil mit dem größten Luxus ausgestattet waren.

Ihre alte Eigenart hat sich bis in unsere Tage erhalten. Moltke erzählt in seinen türkischen Briefen von jenen zahllosen kleinen Kaffeehäusern am Bosporus, aus deren Dächern mächtige Platanen herauswuchsen, und schildert, wie dem eintretenden Gaste sogleich eine Matte oder ein Teppich hingebreitet wurde, um liegend seinen Kaffee schlürfen und aus der Wasserpfeife oder dem Rohr köstlichen Tabak dazu rauchen zu können. Kleine Idyllen bieten auch die Kaffeehäuser zu Damaskus. Sie enthalten große Zimmer, deren Tafelwerk von einer Reihe Säulen getragen wird. Hinter ihnen befindet sich zumeist ein Hof mit einem Wasserbecken, in dessen Mitte ein plätschernder Springbrunnen angenehme Kühle verbreitet. Bäume oder ausgespannte Tücher spenden den nötigen Schatten.

Nach Europa kam der Kaffee durch Pietro della Valle, der ihn 1626 als erster nach Rom und Venedig brachte. In Ve n e d i g entstand auch das erste europäische Kaffeehaus, erbaut 1647 unter den Arkaden der neuen Prokurazien. Obwohl es großen Zulauf hatte, wurden weitere Kaffeehäuser erst ein halbes Jahrhundert später eröffnet. Sie waren aber noch äußerst primitiv, düster und nicht einmal durch Fensterscheiben gegen die Unbilden der Witterung geschützt. Erst im achtzehnten Jahrhundert wurden sie luxuriöser, und der Historiker Archenholtz, der sich ums Jahr 1780 in Livorno aufhielt, rühmte die dortigen Kaffeehäuser als die schönsten Europas. Geschmackvolle Ausstattung, blitzende große Spiegel und eine außerordentlich verschwenderische Beleuchtung gaben ihnen ein festliches Aussehen. Zwanzig Jahre später wundert sich der berühmte Maler und Baumeister Schinkel aus Berlin über die vielen Kaffeehäuser auf dem Markusplatz zu Venedig und über die große Zahl ihrer Besucher. Und weitere zwölf Jahre danach preist ein anderer, weniger berühmter, Berliner Reisender den vorzüglichen Kaffee, den er aus orientalischen Schalen bei Florian und Quadri schlürft, und rühmt ihn als den besten, den er jemals getrunken.

In Englan d soll das erste Kaffeehaus im Jahre 1650 zu Oxford entstanden sein. Ein zweites gründete 1652 ein gewisser Edwards zu London, der aus dem Orient

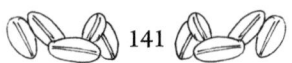

einen besonders geschickten Kaffeekoch mitgebracht hatte, in der St. Michaels Alley, Cornhill, dort, wo später das Virginia-Kaffeehaus errichtet wurde. Der Besuch der Kaffeehäuser bürgerte sich in England so sehr ein, dass Macaulay in seiner „Geschichte Englands" bemerkt, dass gegen Ende des siebzehnten Jahrhunderts niemand aus den höheren und mittleren Gesellschaftsklassen versäumte, in sein Kaffeehaus zu gehen, um mit Freunden zu plaudern und Neuigkeiten zu hören. Denn hier pflegte man sich seine politische Meinung zu bilden, über Kunst und Literatur zu schwatzen und den Reden jener Leute zu lauschen, die alles am besten zu wissen glauben. Gegen Ende des achtzehnten Jahrhunderts gab es in London bereits Kaffeehäuser, die sich auf die einzelnen Stände, wie Gelehrte, Künstler, Militärs, Hofleute usw., spezialisiert hatten. In zahlreichen Lokalen dieser Art trieb man Handelsgeschäfte wie auf der Börse. Am berühmtesten wurde L l o y d s K a f f e e h a u s, wo sich die Assekuranten versammelten, um hier auf das Schnellste Nachrichten über alle wichtigen politischen und merkantilen Vorfälle aus aller Welt zu erhalten. Die größte Merkwürdigkeit dieses Kaffeehauses war jenes große Buch, zu dem jeder Zutritt hatte, um hier hinein irgendwelche wichtigen Nachrichten, die er auf privatem Wege erhalten, einzutragen und mit Namen, Stand und Wohnung zu unterzeichnen. Diese englischen Kaffeehäuser unterschieden sich wesentlich von den französischen und von den deutschen. Es gab weder Billards noch Spieltische. Man hörte keinerlei Lärm. Jedermann sprach leise, um die Zeitungsleser nicht zu stören. Denn das Zeitungslesen war die Haupttätigkeit aller Besucher. Viele Journale lagen in acht- bis zehnfacher Anzahl aus, und alle Zeitungen und Zeitschriften wurden gesammelt und nach Jahrgängen in große Folianten gebunden, um dann als allgemein benutzbare Bibliothek an Ort und Stelle aufgestellt zu werden. Bemerkenswert war die überaus rasche und höfliche Bedienung. Die Kellner waren aber auch an so hohe Trinkgelder gewöhnt, dass sie meist keinen Lohn, oft nicht einmal Kost erhielten. In besonders großen Tavernen mussten die Aufwärter ihre Stellen sogar bezahlen. Dafür waren aber ihre Einnahmen so groß, dass manche von ihnen eigne Stadt- und Landhäuser erwerben konnten, wo sie einen extra ausbedungenen Urlaub verbringen konnten. Im Jahre 1818 befasst London nicht weniger als 9000 Kaffeehäuser.

Nach der Überlieferung sollen in Frankreich die ersten Kaffehäuser schon um 1659 in Marseille entstanden sein. Sicher ist jedenfalls, dass um diese Zeit einige aus der Levante nach Marseille heimkehrende Kaufleute Kaffeebohnen mitbrachten, die sie, sowie die zu ihrer Zubereitung notwendigen Gerätschaften, ihren Landsleuten als Kuriositäten vorzeigten. Etwas später war es in Marseiller Kaufmannshäusern Brauch geworden, Kaffee zu trinken. 1671 wurde dort ein Kaffeegeschäft eröffnet, mit dem eine Kaffeeschenke verbunden war. Zwei Jahre vorher war Soliman-Aga als Gesandter der hohen Pforte an den Hof Ludwigs XIV. gekommen und hatte die Damen und Herren des Hofes auf orientalische Weise mit Kaffee bewirtet. 1670 schlug ein Armenier, mit Namen Pascal, auf der Messe zu St. Germain eine Kaffeebude auf, und 1672 eröffnete er auf dem Quai de l'Ecole (dem heutigen Quai de Louvre) zu Paris das erste Kaffeehaus, das jedoch bald wieder wegen Mangels an Zuspruch einging.

Zwei Jahre danach gründete ein anderer Orientale, Maliban, ein weiteres Kaffeelokal in der Rue de Buci, und – wieder zwei Jahre später gab es in Paris bereits so viele Kaffeehausbesitzer, dass Ludwig XIV. sie mit den Limonaden- und Likörverkäufern zu einer Zunft vereinigte.

Allerdings scheinen diese Unternehmungen noch keine goldenen Früchte getragen zu haben, denn Maliban trat sein Geschäft auf den Armenier Grégoire ab, der mehrmals seinen Standort. wechselte.

Da wurde im Jahre 1689 das Café *Procope* gegründet, und alle anderen Kaffeehäuser waren in den Schatten gestellt. Der glückliche Unternehmer war der Sizilianer François Procope, der sein Lokal gerade der Comédie Française gegenüber eröffnet und dabei jene Ausstattung mit Spiegeln und Marmortischen gewählt hatte, wie sie noch heute für Kaffeehäuser typisch ist. Das hatte ihm keine allzu hohen Kosten verursacht, denn sein Etablissement war vor dem ein Bad mit galantem Einschlag gewesen und daher schon mit Marmorplatten und Spiegeln üppig versehen. Dieses Café, das bald eine große Berühmtheit erlangte, wurde zum Sammelplatz aller bedeutenden Köpfe und schönen Geister von Paris und hatte deshalb von Neugierigen einen solchen Zulauf, dass man gezwungen war, durch Wachen den allzu starken Andrang abzuhalten. In diesem Lokale verkehrten Voltaire, Piron, der jüngere Crébillon, jener Verfasser zahlreicher üppiger, sogenannter „moralischer" Erzählungen, u.a.m. Hier tummelte sich die gesamte literarische Welt von Paris bis zum Jahre 1770, als die Comédie Française die Rue St. Germain verließ und sich im Palais Royal etablierte. Nun begann der Glanz des Café *Procope* zu verblassen, und nur die Freunde eines sehr guten Kaffees blieben ihm treu. Zu ihnen gehörten auch Mercier und Rétif de la Bretonne.

1789 gewann das Lokal einen neuen Aufschwung durch den Besuch der Häupter der französischen Revolution, die – mit Ausnahme von Robespierre, der zu abseits, nämlich in der Rue St. Honoré, wohnte – hier ihr Hauptquartier aufgeschlagen hatten. Hier war es, wo Danton die Freibilletts zur Aufführung des Dramas „Karl IX." seines Freundes Chenier verteilte. Fünfzig Jahre später hatte dies Café weder eine literarische, noch eine politische Bedeutung mehr. Es war zum Stammlokal besser situierter Studenten geworden. Aber den berühmt guten Kaffee konnte man immer noch dort finden, ebenso wie die schönsten Frauen des Quartier Latin, die dort an heißen Sommertagen das treffliche Vanille und Himbeereis löffelten. So blieb es bis zum Jahre 1872, in dem das berühmte Café *Procope*, nachdem es im Laufe seines Bestehens etwa einviertelhundertmal den Besitzer gewechselt hatte, einging.

Ein historisch berühmtes Kaffeehaus wurde auch das 1749 gegründete *Café de Foy* im *Palais Royal*. Hier bekam man ein ebenso vorzügliches Eis wie im Café *Procope*. Und dies Lokal hatte seine Beziehungen zur Revolution, denn vor seiner Tür hielt Camille Desmoulins am Nachmittag des 12. Juli 1789 seine Brandrede zum Bastillensturm. Die

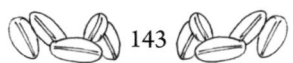

politischen Ereignisse färbten auf die Kaffeehausbesucher ab, die sich damals – ernste Dinge fröhlich parodierend – untereinander auf die gleiche Art zu titulieren pflegten wie die Mitglieder der Nationalversammlung. Sie nannten sich „ehrwürdige Mitglieder", wenn sie miteinander debattierten. Einmal unterbrach ein Gast die Unterhaltung und bat, ein paar Worte reden zu dürfen. Man gestattete es. „Meine Herren", sagte er dann, „eben habe ich mitten unter den ehrwürdigen Mitgliedern mein Schnupftuch verloren. Sehen Sie doch einmal nach, wenn Sie so liebenswürdig sein wollen, ob es nicht vielleicht irgendein ehrwürdiges Mitglied aus Versehen in seine Tasche gesteckt hat, in der Meinung, es wäre die meinige!"

Im Allgemeinen verkehrte jedoch ein sehr respektables Publikum hier, das für den ersten und zweiten Stand plädierte, während man im benachbarten *Café du Caveau* sich für den dritten entschieden hatte. Das *Café de Foy* war das größte und betuchteste im *Palais Royal* und nahm sieben Arkaden ein. Seine Säle waren mit Marmorplatten ausgelegt, die Wände mit feinem Tafelwerk bedeckt und mit hohen Spiegeln bekleidet. Die Tische hatten Platten aus gesprenkeltem Marmor, und die Taburette, auf denen man saß, waren mit rotem Manchester bezogen. Man sieht, wie sich der Charakter des Kaffeehauses durch die Jahrhunderte gleichgeblieben ist. Der Platz vor dem *Café de Foy* war mit Tischen und Stühlen übersät. Hier fand sich ein gewähltes Publikum ein, das sich an Kaffee, Limonade, Eis und Likören gütlich tat. Den Stamm bildeten Geldleute, Militär und Magistratspersonen, Kaufleute, Gelehrte, Abbes und Stutzer in allen Schattierungen.

Das *Palais Royal* besaß um diese Zeit sechs große prachtvolle Kaffees, von denen ein jedes seine ganz bestimmten Gäste hatte, die niemals ein anderes besuchten. In dem ruhigsten von ihnen, dem *Café Valois*, verkehrten alte Herren in seidenen Kleidern, den Degen an der Seite. Sie pflegten ohne Eifer und Erregung eine gemessene Unterhaltung. Am lebhaftesten ging es dagegen im *Café du Caveau* zu, das sich ebenfalls durch Marmortische und große Spiegel auszeichnete, die den Garten in seiner ganzen Länge mit allem, was darin herumwimmelte, wiedergaben. Auf Säulenpostamenten prangten die Büsten Glucks, Sacchinis, Piccinis, Grétrys, Philidors u.a., die alle hier verkehrt hatten. Vor den Gartenarkaden befand sich noch ein riesiges, geschmackvoll verziertes Zelt, unter dem zahlreiche Gäste Platz nehmen konnten. Es mochten durchschnittlich zweihundert Gäste gleichzeitig Unterkunft finden, und zwischen ihnen flogen in eifriger Bedienung die Kellner hin und her. – Viel ruhiger ging es nebenan im *Café de Chartres* zu. Hier verkehrten die Fremden, besonders Deutsche und Engländer, die kamen, um die Zeitungen ihrer Heimat zu lesen. Am bescheidensten war das *Café de la Grotte Flamande*. Es hatte seinen Namen von einer künstlichen Felsenkluft, die sich im Kellergeschoss befand. Das sechste, ebenfalls recht stille, Kaffeehaus des *Palais Royal* war das *Café Italien*, in dem zumeist Italiener verkehrten. – Ob es das *Café de la Grotte Flamande* war, das zwanzig Jahre später den Namen *Café Borel* erhielt, weiß ich nicht genau zu sagen. Von diesem *Café Borel* erzählen die *„Anecdotes Parisiennes"*

aus dem Jahre 1808, dass dessen Besitzer die Gabe des Bauchredens besaß. Wollte sich nun ein Gast auf Kosten des anderen, der hier noch Neuling war, amüsieren, so nannte er dem Wirt heimlich den Namen des Fremden. Der Wirt wendete sich daraufhin zur Seite, und gleich darauf schien von der Galerie herab eine Stimme den neuen Gast bei Namen zu rufen. Man hat es erlebt, dass Leute sieben- bis achtmal hintereinander auf die Galerie liefen, ohne den Trick des Bauchredners zu durchschauen. Zu dieser Zeit befand sich im *Palais Royal* auch das Ä g y p t i s c h e K a f f e e h a u s mit durchweg ägyptischer, nach antiken Modellen kopierter Einrichtung, ein Gegenstück zu dem viel älteren *Café Turc*, das – seinem Namen nicht entsprechend – auf chinesische Art erbaut und verziert war.

Es gab zu Ende des achtzehnten Jahrhunderts noch ein sehr merkwürdiges Kaffeehaus in Paris, das aber schon vor der Revolution einging. Es war das *Café Mecanique*, das seinen Namen von einer recht sinnreichen Einrichtung her hatte. Die Tischplatten lagen hier auf hohlen Säulen, die mit dem darunter liegenden Keller verbunden waren. Sobald sich der Gast gesetzt und seine Wünsche geäußert hatte, sprang an der Tischseite eine eiserne Klappe auf und es zeigte sich ein Tablett, besetzt mit den Erfrischungen, die man bestellt hatte. Die Bestellungen wurden durch ein Sprachrohr an das Bedienungspersonal im Keller übermittelt.

Eine Tasse Kaffee war, obwohl dieser selbst damals viel höher im Preise stand als heutzutage, ebenso wohlfeil wie in unseren Tagen, denn sie kostete sechs Sous. Ein Gläschen Likör, eine Karaffe Limonade, Orgeat, Bavatoise ebenso viel. Ein Glas Eis kostete das Doppelte. Die Kellner zeigten vorzügliche Schulung. Hatte jemand einmal zu zahlen vergessen, so geriet er nicht in Gefahr zurückgerufen oder bei seinem nächsten Besuche gemahnt zu werden. Dachte er selber daran, so wehrte der Kellner sogleich ab: „O mein Herr, das hat ja nichts zu bedeuten, Sie sind mir sicher!" Das geschah sogar, wenn er den Gast zum ersten Mal in seinem Leben gesehen hatte. Wer jedoch durch eine solche Vergesslichkeit auf die Dauer zu billigem Kaffeegenuss zu kommen gedachte, musste damit rechnen, eines Tages völlig kaltgestellt zu werden, ein bedauerndes Achselzucken war alle Bedienung, die ihm zuteil wurde.

Alle Pariser Kaffeehäuser ersten Ranges zeichneten sich durch helle, große, schön verzierte Räume aus. Überall gab es Marmortische, Taburetts oder Stühle, mit Plüsch oder Seide bezogen, überall große Spiegel und Kronleuchter. Die Erfrischungen waren von besserer Qualität, als man sie z.B. damals in deutschen Kaffeehäusern vorfand. Billards, die bald nur noch in den unteren Ständen beliebt waren, fehlten in den besseren Lokalen. Auch wurden keine Karten gespielt, nur Schach, Dame, Triktrak und Domino. Leute, die sich von morgens bis abends im Kaffeehaus aufhielten, gab es schon damals. Hier verträumten sie die Tage ihres wenig tatenreichen Lebens.

Nicht unerwähnt wollen wir die ganz anders gearteten, damals schon in Blüte stehenden *Cafés à Concert* lassen. Man stelle sich einen langen, schmalen Saal mit niedriger Decke vor. Hierin haben etwa fünfzig kleine, mit Stühlen umstellte Marmortische

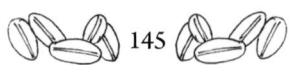

Platz gefunden, die von einem sehr lebhaften Publikum besetzt sind. Alt und jung, groß und klein lacht, lärmt und amüsiert sich, während am Ende des Saales ein riesiges, auf einem Podium postiertes Orchester einen ohrenbetäubenden Spektakel vollführt. In das schmetternde Getön der Pauken und Trompeten mischen sich die zischenden und piependen Töne der Flöten, die schnarrenden und krächzenden Laute der Geigen und das Grunzen der Bässe. Das kräht, miaut, plärrt, dröhnt, klappert und schmettert in diesem schmalen und niedrigen Raum, dass einem Hören und Gehen vergeht. Aber es war ein Hauptvergnügen unzähliger Menschen und ist es ja – denn es gibt nichts Neues unter der Sonne – heute noch genau so.

In den dreißiger Jahren des neunzehnten Jahrhunderts gab es in Paris etwa sechstausend Kaffeehäuser, doppelt so viel, als man z.B. im Jahre 1808 zählte. Ein jedes hatte seine eigene Physiognomie, seinen besonderen Charakter. Die Gäste der einzelnen waren sehr voneinander verschieden. In einigen saßen nur Geschäftsleute, Makler, Börsensensale, in anderen ausschließlich Schriftsteller, Journalisten, Theaterdichter. In einem dritten nur Schauspieler, Tänzer und andere Theaterleute, während es in einem vierten nur alte Hagestolze und Rentiers gab.

Ums Jahr 1840 genoss das *Café Corazza* den größten Ruf, nicht nur seines exzellenten Kaffees wegen, denn er galt für den besten in ganz Europa, sondern auch wegen der wundervollen Geschäftsführerin, deren schlanker Hals und schöne Schultern, deren tiefschwarzes Haar und glutvolle Augen Dichter und Nichtdichter in Begeisterung versetzten. Dieses Lokal war das Hauptquartier der größten Dominospieler von Paris, es besaß die reichste Auswahl in Zeitungen und Journalen, denn hier konnte man selbst solche vorfinden, die keine zehn Abonnenten hatten und nach einer Woche schon wieder eingingen.

Pariser Kaffeehäuser! – Ihre Zahl ist nicht zu erraten, von der Pascalschen Kaffeebude an bis auf das letzte von heute. Wie unendlich viele sind im Laufe der zweihundertfünfzig Jahre aufgetaucht und wieder versunken. Welch eine Fülle denkwürdigster Gestalten hat sich in ihnen bewegt, welch buntes Leben hat hier geleuchtet und ist wieder verblasst zu Traum und Schemen. Immer eleganter, luxuriöser sind die Pariser Cafés geworden im Laufe ihrer Entwicklung, aber an Originalität und Farbigkeit haben sie verloren.

Die erste deutsche Kaffeeschenke entstand im Jahre 1677 zu H a m b u r g , gegründet von einem englischen Kaufmann. Ihm folgten schon kurz darauf ein Holländer und dann so viele andere, „dass" – wie es in einer Nachricht aus dieser Zeit heißt „man die Schenken jetzt kaum mehr zählen kann". W i e n lernte den Kaffee durch die Türkenkriege kennen. Als 1683 nach der Belagerung der Stadt das türkische Lager gestürmt worden war, erhielt ein Pole, mit Namen Koltschitzky, der als Soldat zur Armee Sobieskis gehörte, zur Belohnung seiner Tapferkeit einen großen Teil des erbeuteten Kaffeevorrates. Der Wiener Magistrat räumte ihm ein besonderes Haus ein, in dem Koltschitzky das erste Wiener Kaffeehaus eröffnete. Es brachte ihm reichen Gewinn.

Die Wiener Kaffeewirte verehren in ihm noch heute ihren Ahnherrn. In Süddeutschland wurde 1686 ein Kaffeehaus zu R e g e n s b u r g eröffnet, und etwas später eins in N ü r n b e r g. 1694 entstand in L e i p z i g die Kaffeeschenke „zum arabischen Coffeebaum", die noch heutigen Tages in fröhlicher Blüte steht. Erst 1721 bekam Berlin sein erstes Kaffeehaus, obwohl am Hofe des Großen Kurfürsten schon im Jahre 1675 Kaffee getrunken wurde. Eigentliche Kaffeehäuser wie Paris und Wien hat Berlin lange Zeit, bis in die Gründerzeit hinein, nicht gehabt. Es waren durchweg nur Kaffeestuben, sehr elegante allerdings, die einer Konditorei angegliedert waren und erst mit der Zeit selbständigen Charakter gewannen.

Dafür aber hatte Berlin eine große Besonderheit in jenen Cafés, die sich in den Treibhäusern der großen Gärtner etabliert hatten. Holländische Einwanderer hatten diese Sitte mitgebracht. Schon vom Großen Kurfürsten waren Treibhäuser angelegt worden, und im achtzehnten Jahrhundert war es ein allgemein beliebtes Vergnügen der obern Gesellschaftskreise, in den prachtvollen Treibhäusern der Brüder Boucher, Georges usw. unter Zitronen und Granaten, umblüht und umduftet von tausenden von Gewächsen, im feuchten, milden Klima einer bessern Zone seinen Kaffee zu trinken. Diese Sitte, mitten im Winter unter blühenden Sträuchern zu sitzen, nahm von Jahr zu Jahr zu, später allerdings nicht mehr bei den Kunstgärtnern in den Blumenstraßen, sondern in den großen Kaffeelokalen der Stadt, die durchweg sogenannte Wintergärten besaßen, Glashäuser mit Zitronenbäumen, hohen Myrten und zahllosen Blumen. Hier labte man sich am „braunen Trank der Levante", an kleinen Tischen sitzend, und die Männer stießen aus langen Pfeifen dichte Dampfwolken in die Luft, was aber selbst die empfindlichsten Damen, die zu Hause beim Anblick einer Pfeife einen Ohnmachtsanfall bekommen hätten, auch nicht im Mindesten störte.

Zur Zeit, als noch die bunte Romantik in dieser äußerlich so nüchternen Stadt blühte, als noch Arnim, Brentano, Fonqué und Hoffmann lebten, gab es einige ausgesucht elegant eingerichtete Kaffeehäuser in Berlin. Am berühmtesten wurde die Konditorei von Fuchs, deren Ausstattung im luxuriösesten Empirestil mit all seinem Spiegelwerk, den Vergoldungen und dem blitzenden Kristall, voll von Schokoladen und Zuckerwerk, chinesischen Leckereien und kandierten Früchten, sowie den zahllosen bunten Likörflaschen allgemeine Bewunderung erregte. Das eigentliche Café befand sich in einem an den Laden stoßenden Zimmer in pompejanischem Stil mit grünlich polierten Türen, auf Glas gemalten Friesen und figurengeschmückten Säulen. Gegen Ende der fünfziger Jahre verschwand diese Konditorei, um ihrem ebenso alten Nachbar Kranzler das Feld zu überlassen. Aber andere Kaffeehäuser hatten auch diesem lange schon den Rang abgelaufen: Josty, Bolzani, Spargnapani und Steheli.

Steheli, dies in der Literatur so berühmt gewordene Kaffeehaus, befand sich auf dem Gendarmenmarkt, schräg hinter dem Schauspielhause, und wurde nach den Proben von den Schauspielern gestürmt, die ungeheure Kuchenmassen mit ungeahnter Schnelligkeit zu verschlingen verstanden. „Wenn Sie ein einziges Mal noch im Rauch-

zimmer bei Steheli gesessen hätten.", schreibt noch Ernst v.Wildenbruch, „in dem dunklen, nach dem Hofe gelegenen Raum, der so gemütlich war, wie es eigentlich nur ganz luft- und lichtlose Räume sein können! Denn seitdem die Hygiene in die Welt eingebrochen ist, ist es ja unstreitig viel heller, luftiger und gesünder in der Welt, aber nicht annähernd mehr so gemütlich wie früher, nicht annähernd! Und dieses gänzlich unhygienische Rauchzimmer bei Steheli! Ein großer elliptischer, grün besponnener Tisch in der Mitte, sodass es beinahe aussah wie das Sitzungszimmer von Ministerialräten. Um den Tisch herum zeitunglesende Männer, wie Senatoren anzusehen, wie Geheimräte." Es machte einen feierlichen Eindruck. Eine einzige große Gaslampe, von einem ungeheuren Schirm überdacht, beleuchtete nur die Tischfläche und ihren nächsten Umkreis. Das einzig hörbare Geräusch machte der Kellner, der aus einer riesigen Porzellankanne hoch von oben herab eine schwarze duftende Kaffeesäule in die Tassen fallen ließ, während aus der linken Hand der weiße Milchquell nachschoss.

Kaffeehausbilder, wie aus der *Laterna magica* seligen Kinderandenkens gezaubert, wahllos aneinandergereiht, möchten ein buntes, lebendiges Panorama vergangener Zeiten ergeben, eine Kulturgeschichte ganz besonderer Art. Ich könnte mir eine überaus reizvolle Monographie über das Kaffeehaus denken, geschmückt mit den Zeichnungen jener Künstler, die es verstanden, charakteristische Augenblicksbilder, groteske Figuren, merkwürdige Physiognomien festzuhalten. Ein Labsal für diejenigen, die der Eintönigkeit ihrer heutigen Umgebung gründlich überdrüssig geworden sind.